Hanne Baar

Die Namen meiner Feinde

Hanne Baar

Die Namen meiner Feinde

1. Auflage
© Hymnus-Verlag Hanne Baar, 97228 Rottendorf 1994
Umschlaggestaltung: image design Albrecht Fietz, Landsberg
Satz: Klaus & Bärbel Hottinger, Stockach
Druck: Schönbach-Druck GmbH, Erzhausen
ISBN: 3-9803801-2-2

Stimmen zu diesem Buch

Ich muß sagen, daß ich von diesem Innenweltkrimi begeistert bin. Die Thematik, die Art der geschilderten Heilung, die in Wirklichkeit eine Kette von Befreiungen war, hat mich insofern besonders interessiert, als ich über diese Fragen im Verlauf von Jahren sehr viel nachgedacht, gearbeitet, gebetet und das Wort Gottes befragt habe. In unzähligen seelsorgerlichen Unterredungen und Befreiungsdiensten bekam ich dabei nach und nach Einblicke, die mit den hier geschilderten Einsichten eigentlich völlig identisch sind.

Dr. Wolfhard Margies, Berlin, Pastor

Die vorliegende Schrift könnte unter einen Satz FREUDs gestellt werden, der wie kein anderer Satz das Wesen des Neurotischen erfaßt: "Der Neurotiker wendet sich von der Wirklichkeit ab, weil es sie - als Ganzes oder Stücke derselben - unerträglich findet" (G.W. VIII, S.230).

Ein christlicher Psychotherapeut wird beim "Ganzen der Wirklichkeit" Gott und seine Einwirkung auf den Menschen ebenso wie dessen Antwort bedenken müssen. Die Autorin fragt, wie beim psychisch Leidenden die Abwendung von diesen Wirklichkeiten aussieht und wie er Abwendung wieder in Zuwendung verwandeln kann.

Das alles zeigt sie am Exempel ihrer eigenen Person. Ohne Indiskretion und Exhibitionismus, ohne Weinerlichkeit, ohne Fachjargon, ohne theoretischen Aufwand wird die stille Wandlung sichtbar als ein Geschehen in der Gegenwart, dessen Wurzeln in der Vergangenheit weder vernachlässigt noch überbewertet werden.

Die Psychotherapie von Hanne Baar zeigt eine - für mich als Psychoanalytiker wie als Christ - verblüffende Vereinfachung, die sich aus dem charismatischen Ansatz ergibt. Diese klare Einfachheit wird hier - wie bereits in den früheren Schriften ("Gott macht das Krumme gerade" und "Quälgeist Eifersucht") - überzeugend deutlich.

Prof. Dr. med. et phil. A. Görres, München

Inhalt

Einleitung

Gott sei Dank! Ein mehr als lästiger, überflüssiger Druck ist von mir gewichen. Ich kann mich meines Lebens wieder so freuen, wie ich es als Kind konnte. Es war der Druck, der aus der irrigen Überzeugung stammt, alles richtig machen zu müssen, um in dieser Welt zu genügen, es aber doch nie zu schaffen, oder wenn, dann auf Kosten meines wirklichen eigenen Lebens in Freiheit, wo ich tun durfte, was i c h wollte. Es war der Druck von "Du mußt..., sonst...", "Du darfst nicht..., sonst...", "Du bist okay, wenn du...", "Du bist nicht okay, weil du..." und so weiter, der Druck des "Antreibers", der gnadenlose Druck des Ehrgeizes und der Angst, nicht zu genügen - und die sich allmählich steigernde Auflehnung in mir selbst gegen diesen Druck, verbunden mit dem Schmerz des Neides, daß es anderen besser ging. Andere erlaubten sich zu tun, was s i e wollten, sie durften "leben", und ich mußte "müssen". - All das dämmerte mir zu dem Zeitpunkt, als die Geschichte, die ich erzähle, begann, nur entfernt.

Gefühle von Druck, Enge, Unzufriedenheit, die es an sich haben können, sich bis zur Verzweiflung zu steigern, gibt es im Rahmen der verschiedensten Lebensbereiche. Der eine spürt Druck bei der Arbeit, der andere hat ihn während seiner Freizeit. Einer erlebt Druck, wenn er sprechen soll, der andere, wenn er nicht sprechen darf. Die Drucksymptomatik macht vor nichts halt. Sie ist anzutreffen im Essensbereich (der Magersüchtige hat Druck, wenn er essen soll, der Eßsüchtige hat ihn, wenn er n i c h t essen soll), im Bereich ehelicher Liebe und Sexualität und auch im Glaubensleben. Gottesdienstbesuch, Gebet und das Lesen in der Schrift sind für den einen der Inbegriff von Gottesbegegnung und Entspannung. Beim anderen erzeugen sie Druck, wenn er nur schon daran denkt.

Eins ist dabei in allen Fällen gleich: Zuerst haßt man den Druck und dann bald auch die Umstände, unter denen er auftritt. Indem man diesen auszuweichen versucht, wird das Leben aber immer ärmer. Am Ende fragt man sich: So kann die Sache mit uns Menschen von Gott her gesehen doch nicht gemeint sein. Was hat man denn nur falsch gemacht? Früher, als Kind, hatte man die Welt doch noch als weit und das Leben noch als schön erlebt!

Die Druckgefühle, von denen ich berichte, die m i r das Leben zur Hölle machten, standen im Zusammenhang mit Hausarbeit. Wenn ich an der Schreibmaschine saß oder meinem Beruf als Psychologin nachging, erlebte ich keine Druckgefühle. Ich wäre deshalb dem Haushalt gern ausgewichen. Aber mit der Geburt des dritten Kindes war das nicht mehr möglich. Mir blieb nichts anderes übrig, als mich dem Thema Druck, Enge, Unlust, Depression, Unwilligkeit, Verzweiflung zu stellen - Gott sei Dank (sage ich nachträglich).

Am Ende meiner hier berichteten Geschichte, die sich über vier, fünf Jahre hinzog, war der Eindruck von Unfreiheit und Unzufriedenheit darüber, nicht tun und lassen zu dürfen, was i c h wollte, angesichts der Berge von Arbeit, für die ich mich zuständig fühlte, dazu einfach nicht zu kommen, aus meinem Denken und Erleben verschwunden. Ich war in der Lage zu dem, was viele einfache Menschen von vornherein können: meine Pflicht in Liebe zu tun und das dann als mein Leben anzusehen.

So wie ich nach und nach - und darin bestand die Heilung - mein mit Gott verbundenes Gewissen einerseits und meine wirkliche Willensfreiheit andererseits wieder zu gebrauchen lernte, wurde ich frei von den Automatismen eines Pseudogewissens (Dominanz) und einer Pseudowillensfreiheit (Rebellion). Wille und Gewissen arbeiteten in einem feinen, freien Miteinander Hand in Hand. Druck und Gegendruck waren aus mir verschwunden.

Der vorliegende Bericht ist der letzte von dreien, die lose zusammengehören, aber auch gut einzeln gelesen und verstanden werden können. "Kommt, sagt es allen weiter: eine Christin berichtet über charismatische Erfahrungen" (Herder-Verlag, Freiburg 1983) und "Quälgeist Eifersucht" (Hymnus-Verlag, Rottendorf 1994) sind die ersten Bände dieser Fortsetzungsgeschichte einer praktisch erlebten Befreiung zur Freude.

Als ich im Jahre 1982 das erste dieser drei Bücher schrieb, geschah es aus Begeisterung darüber, daß es tatsächlich möglich ist, dem lebendigen Gott zu begegnen und mit ihm (durch ihn und für ihn) zu leben. Damals wußte ich nicht, daß zwei tiefgreifende Krisen auch noch zu meiner Geschichte dazugehörten, um das Bild, das ich gemalt hatte, zu vervollständigen. Heute verstehe ich, daß diese schmerzlichen Erfahrungen nötig waren, und wundere mich nicht mehr darüber.

An dieser Stelle möchte ich noch in verschiedene Richtungen hin Dank aussprechen. In erster Linie danke ich meinen Eltern und allen, die mir den christlichen Glauben glaubwürdig vermittelt haben. Wo wäre ich heute ohne sie !

Dank sage ich auch einer kleinen Kollegengruppe im Rheinland, innerhalb derer ich vor zwanzig Jahren in einem Rahmen, den wir "Team intim" nannten, überzeugend erfuhr, wie wohltuend Offenheit sein kann. Die Erfahrungen von damals haben mich auf den Geschmack gebracht, Tagebuch zu führen in dem Sinne: "Wenn ich ganz ehrlich wäre, müßte

11

ich jetzt dem und dem... das und das... sagen." Auf diese Weise habe ich im Laufe der Jahre mein Herz kennenlernen können wie eine fremde Person.

Auch einer im Rheinland tätigen Seelsorgerin, Karin Gruppe, bin ich sehr dankbar. Sie hat mir den Kompaß geliefert, mit dem ich durch die hier berichtete Geschichte hindurchfand, ohne mich zu verirren oder unterzugehen: "Gib vor Gott alles zu, nenne jede Sünde bei Namen. Und dann bekenne vor ihm, daß du dich davon nicht selbst erlösen kannst".

Als ich diesen Rat umzusetzen begann, kam ich nach und nach in eine Dauerhaltung von Offenheit vor Gott, in eine Dauerbereitschaft, auf ihn zu hören und mich von seinem Geist durchdringen zu lassen.

Last not least danke ich vielen Freunden und Kollegen für die Durchsicht meines Manuskripts, besonders Dr. Hubert Mathar, der das Glossar erstellte.

Mein Bericht beginnt zu einem Zeitpunkt, als sich ein bestimmtes, beinahe chronisches Gefühl von innerer Unruhe, Zeitdruck und Enge nicht mehr ignorieren ließ. Dieses Gefühl wurde immer schlimmer, ganz gleich ob ich es unterdrückte oder mich ihm stellte. Also stellte ich mich ihm, um es zu verstehen.- Diese Entscheidung war der Beginn eines vier Jahre andauernden, schmerzhaften, aber doch von Anfang an auch spannenden Heilungsprozesses. Hätte ich von vornherein gewußt, was ich heute zu schildern in der Lage bin, dann wäre dieser Prozeß streckenweise nicht so quallvoll verlaufen und hätte vielleicht auch nicht so lange gedauert.

Ich lade Sie jetzt ein, einfach mitzukommen zu einem Treffen in München, wo im Herbst 1984 meine Geschichte beginnt.

Das Thema "Zeit"

"Zeit haben ist ein Thema, das es in sich hat", bemerkte Hans gedankenvoll in meine Richtung. Wir saßen zu viert beim Frühstück in seiner Münchner Wohnung. Hans und seine Frau Marianne waren psychologische Fachkollegen. In einer eigenen psychotherapeutischen Praxis machten sie Erfahrungen, die Bodo (meinen Mann) und mich sehr interessierten. Wir hatten deshalb unsere Kinder für ein Wochenende meiner Mutter anvertraut und waren aus dem Rheinland zu ihnen nach München gekommen. Bereits bei einem früheren Treffen war "Zeit haben und im Augenblick leben" brennendes Gesprächsthema gewesen. Jetzt kam die Rede wieder darauf.

"Ja, keine Zeit zu haben, ist eine Krankheit, die wie eine Epidemie um sich greift", pflichtete Marianne ihrem Mann bei. Dieses Symptom sähen sie übrigens nicht nur in ihren Therapien sondern immer mehr auch im Bekanntenkreis. Während Bodo etwas einwarf, was dem Gespräch eine andere Wende gab, echote es in mir:".. ein Thema, das es in sich hat." Von Überforderung und Zeitdruck konnte ich auch ein Lied singen. Aber ich ahnte noch nicht - oder ahnte ich es bereits? - daß dieses Symptom nur die Spitze des Eisbergs war, nur ein kleiner, sichtbarer, spürbarer Gipfel des Gebirges darunter.

Den weiteren Verlauf des Gespräches verfolgte ich jetzt nur noch mit halbem Ohr. In meiner Vorstellung tauchten die verschiedensten Bilder aus unserer häuslichen Situation auf. Ich sah mich in Bergen von Arbeit gefangen. War ich mit der Verantwortung für meine Familie, zu der drei Söhne gehörten (zwei kleine und ein großer), tatsächlich überfordert, oder fühlte ich mich nur so?

Seit ich infolge der Geburt des Jüngsten zwei Jahre zuvor aus dem Beruf ausgeschieden war, ging es mir schlecht. Bei meinen Aufgaben mit den Kindern und dem Haushalt war ich nach und nach immer unzufriedener geworden und auch immer allergischer, wenn ich mich bei der Arbeit, mit der ich ohnehin nicht fertig wurde, gestört oder aufgehalten fühlte. Dieser Zustand war geradezu chronisch geworden. Das heißt, mich störte schließlich alles, und alles schien mich aufzuhalten, irgendwie am Leben zu hindern.

Wenn die Überforderung überhand nahm, konnte ich eine bestimmte Art verzweifelter Empörung nicht mehr zügeln. Sie kam auf geringfügige Anlässe hin - entweder direkt oder per Unterton - giftig heraus und machte die Kinder krank. Das registrierte ich mit Entsetzen, als unser ältester Sohn Tom im Alter von zwanzig Jahren mit einer Psychose in die Klinik gebracht werden mußte. Seither - drei Monate lag dieses Ereignis jetzt zurück - nahm ich mich erschrocken zusammen, so daß sich die Familie, einschließlich Tom, wieder erholt hatte. Mir selbst aber ging es nicht gut. Ich steckte offenbar in einer Krise.

In Gedanken probierte ich jetzt, ob das Etikett "keine Zeit" auf diese Krise paßte. Vielleicht mußte auf dem Etikett auch "Überforderung" stehen oder "Streß?" oder einfach nur "Unzufriedenheit"? - "Wie dem auch sei", dachte ich, "Zeit haben und im Augenblick leben ist das, wohin ich kommen will."

Hans und Marianne stellten das Geschirr zusammen. Wir bedankten uns bei ihnen und fuhren noch ins Stadtzentrum. Hier, in einem kleinen Restaurant der Münchner Innenstadt, saßen Bodo und ich dann gemütlich an Fensterplätzen und lasen -jeder für sich-, unterhielten uns zwischendurch kurz und gönnten uns Getränke, einen Salat und andere kleine Leckerbissen. Dabei -unter diesen ferienhaften Bedingungen- gelang es uns, das Gefühl und den Genuß zu erleben, Zeit zu haben.

In der Zange der Pflicht

Wieder zu Hause in unserem rheinischen Heimatstädtchen Meerbusch, mußte gleich als erstes der Steinboden im Parterre geputzt werden. Ein Erinnerungskärtchen, das unter den sechs Parteien unseres Wohnblocks reihum ging, mahnte mich: "Putzen nicht vergessen!" - Ja, sicher , natürlich, ich putzte den Flur. Ich spülte, räumte auf, wusch, wickelte den Jüngsten. Zwischendurch stand ich Rede und Antwort am Telefon. Auch nachts hatte ich dienstbereit zu sein, gab den Kindern Hustensaft oder zu trinken, redete ihnen gut zu, wenn sie schlecht träumten. Ich kaufte ein und kochte. Wenn eine Mahlzeit beendet war, mußte die nächste vorbereitet werden. Ich stand zur Verfügung, wenn auch meistens leicht zerstreut, angestrengt und gereizt.

Die letzten Utensilien von der Reise kamen wieder an ihren Platz, Bücher zurück ins Regal, der Schlafanzug in die Wäsche, mein leergeräumtes Köfferchen in die Ecke. Jeder Handgriff fiel mir schwer. Schließlich war es so weit. Die Kleinen schliefen. Tom, unser Großer, saß in der Küche und las. Die Wohnung war in Ordnung. Nun hatte ich frei. Gott sei Dank! Aber es ging mir wie so oft. Enttäuscht merkte ich: In mir war keine Ruhe. Angespannt saß ich in der stillen, aufgeräumten Wohnung und wartete förmlich auf Störung.

Als das Telefon läutete, blitzte es bitter in mir auf: "Siehst du, jeder darf dich jederzeit stören. Deine Bedürfnisse interessieren nicht. Du bist die, die beständig für alles zuständig ist, an der man rund um die Uhr zerren darf." Meine Reaktion auf den Anrufer war dementsprechend kurz angebunden und unfreundlich. Als ich aufgelegt hatte, schämte ich mich.

Tom, der in eine Lektüre vertieft, sozusagen abwesend, in der Küche gesessen hatte, kam zu mir. Vielleicht spürte er mein inneres Kämpfen, den Schmerz und die Bitterkeit. Jeder Mensch auf der Welt, so sah ich das, hatte Zeit für sich, "nur ich nicht"! Jedenfalls bot er an: "Komm, laß uns in den Wald fahren und dort eine Runde laufen."

Tom hatte recht. Draußen ging es mir immer besser als drinnen. Ich nickte und nahm meinen Mantel. Es war Mitte November, bereits dunkel und damit nicht gerade einladend für einen Spaziergang. Dennoch, im Wald dann, im "Freien", fühlte ich mich frei.

Druck und Depression

Die Waldwege waren nur vom Sternenhimmel her beleuchtet. Wir blieben deshalb nah beieinander. Mir ging der Gedanke im Kopf herum, daß ich meine Beschwerden nicht den Umständen in die Schuhe schieben wollte. Ich dachte an vergangene Erfahrungen mit Eifersucht. Es war gewesen, als steckte mir ein Messer im Herzen, das unter bestimmten Umständen schmerzhaft spürbar wurde. Damals hatte ich auch die Umstände ändern wollen, das heißt, mein Mann, Bodo, sollte sie ändern, sollte sich mehr um mich kümmern und weniger um andere. Erst als er darauf nicht einging, begann ich mich selbst, meine innere Haltung, langsam und vorsichtig so zu drehen, daß mich das Messer nicht mehr treffen konnte.

Tom fragte etwas. Er war in eigenen Gedanken. Plötzlich raste ein Ungetüm von Hund auf uns zu. Wir schrien erschrocken auf. Der Besitzer des Hundes tauchte aus dem Dunkel auf und nahm, indem er "Entschuldigung" murmelte, sein Tier wieder an sich. Danach liefen wir lange schweigend nebeneinander her und überließen uns unseren Gedanken.

Ich rekapitulierte. Auf dem Weg ins seelische Gleichgewicht war ich nach einem Leben, das jahrzehntelang fast ausschließlich vom Ehrgeiz motiviert gewesen war, nach einer eindrucksvollen Wende sozusagen im dritten Schuljahr. Die Wende war gekommen, als ich eines Tages vor Gott kapitulierte und ihm mein verarmtes, verzerrtes Leben überantwortete. Das erste Schuljahr damals hatte dann darin bestanden, biblischen Glauben kennenzulernen. Im zweiten Schuljahr hatte ich anläßlich meiner Eifersuchtskrise eine Lektion zum Thema Stolz gelernt. Die beiden ersten Schuljahre hatten, weil ich nur langsam begriff, acht Jahre gedauert.

Das Thema Eifersucht war ausgestanden. Die Lektion war gelernt. Ich konnte es aushalten, wenn Bodo sein Interesse und seine Aufmerksamkeit nicht auf mich, sondern auf andere und anderes richtete. Es hatte lange genug gedauert, bis ich dazu in der Lage war. - Worum ging es diesmal? Auf welche Weise wurde ich jetzt unterschwellig eingeschüchtert und aller Freude beraubt? War ich wieder in einer falschen Haltung und deshalb quälbar? Es mußte so zusammenhängen! Daß sich mein Problem aus den Umständen erklärte, nein, das konnte ich nicht glauben. In Bodo hatte ich einen vernünftigen Mann, der zu seiner Familie stand. Die Kinder waren liebenswert und leicht zu lenken. Auch die Arbeit im Haushalt war nicht umfangreicher als die anderer Frauen.

Wieso war ich nicht einfach dankbar für mein Leben und meine Lebensumstände? Daß ich Grund dazu hatte, wußte ich. Dieses Wissen half mir aber nicht allzuviel. Mein Herz glaubte es nicht. - Es wurde Zeit, daß ich mir mein Herz vornahm: vorsichtig, freundlich, fragend und ganz langsam, wie man mit einem verschreckten, verstockten Kind umgeht.

Tom begutachtete inzwischen aufmerksam die Villen auf den stillen Straßen in Waldnähe, wo wir jetzt wieder angekommen waren. Auch die großen "Schlitten" vor den Eingängen faszinierten ihn. Wir mut-

maßten dies und jenes über den Reichtum der Besitzer.
- Auf unserem Spaziergang hatten wir wenig gesprochen, uns aber gut erfrischt.

Einmal unterwegs, fuhren wir noch zum Tanken. Immer zu einem persönlichen Wort oder zu einem Scherz aufgelegt, gehörte der Tankwart zu den Menschen, in deren Nähe man sich wohlfühlte. Während wir ihm zuschauten wie er dastand, einfach zusahen, wie er auf dem Boden stand, murmelte Tom neben mir: "Der Mann hat Zeit." - Ja, e r hatte Zeit, obwohl er voll beschäftigt war. Wieder dasselbe Thema, das mich nicht mehr losließ. Ich wünschte mir, auch so drin zu sein im gegenwärtigen Geschehen und das, was zu tun war, zufrieden zu tun.

Eine tiefgreifende Entscheidung

Zwischen meine Absicht, mir Zeit zu nehmen für mein "Herz" und die Verwirklichung dieser Absicht, schoben sich noch einige harte Wintermonate, in denen Kraft und Zeit nur für das Nötigste reichten.

Im Frühjahr atmete ich auf, und im beginnenden Sommer waren Kraft und Spielraum wieder da, mich um mein eigenes Befinden zu kümmern.

Eine tägliche Ermutigung war mir das Gedeihen der Kinder, Daniel (fünfeinhalb) und Florian (zweieinhalb). Tom, Sohn aus erster Ehe und deshalb so viel älter, studierte in Köln Philosophie, wohnte jedoch noch zu Hause. Bodo war, wie die meisten Väter, sehr beansprucht vom Beruf.

Es war niemand in dieser fünfköpfigen Familie, der nicht guten Willens gewesen wäre. Dennoch brodelten zwischen uns allen beständig Konflikte. Was mich betraf, hielt mich das im Fragen danach, aus welchem Material solche Konflikte eigentlich bestehen, und im Suchen nach einem gangbaren Weg aus ihnen heraus, vor allem und zuerst einmal für mich selbst, für mein eigenes Benehmen und Empfinden, das mich immer mehr befremdete.

An einem Frühsommertag Anfang Juni wurde mir Florian zum Anlaß für eine tiefgreifende Entscheidung.

Beim Hin und Her in der Wohnung hatte ich einen aufmerksamen Blick für ihn.

Sein kleiner Körper war entspannt und offenbar mit

Frieden erfüllt. Er vertraute noch völlig, war an Kontakt interessiert, sprach mich an, fühlte sich in mich ein und stellte für ein so kleines Kind erstaunlich anteilnehmende Fragen. Wenn ich traurig war, merkte er es, machte "ei", oder forderte mich - äußerst charmant - mit Necken heraus. Wenn er etwas nicht wollte, sagte er entschieden "nein". Er konnte mit Lust essen, wußte wann, was und wieviel. Was er auch unternahm, er tat es mit ganzer Aufmerksamkeit. Und er hatte immer Zeit. - Auch Tom beobachtete an diesem Tag sein Brüderchen voller Wohlgefallen. "Dem geht's gut", kommentierte er. Tom hatte Recht. Florian war auf eine selbstverständliche Weise beneidenswert glücklich.

Warum war ich dagegen so unwillig? Warum so freud- und lieblos? - Mit dieser Frage griff ich jetzt mein Thema wieder auf. Was war mit mir los? Ich kannte doch auch Zeiten von innerer Freiheit, Freude und Gelassenheit. Aber jetzt - und das zunehmend! - schlechte Laune, eine negative Sicht meines Lebens und der momentanen Umstände. Hölle! Eine Zeitlang vielleicht noch ein Zwischenstadium, neutral, weder süß noch sauer, schließlich Hölle, sauer und bitter. Alles äußerst schwer, die Welt grau in grau, keine Freude, keine Hoffnung, keine Liebe, nur "Muß"! Und Schlafstörungen in der Nacht! Ich fragte mich, ob so etwas Depression sei.

Während ich noch rätselte, was wohl Florians Geheimnis war, begeisterte mich mit einem Mal die Vorstellung, alle Sünden meines Lebens auszurotten, wie man aus einem vom Regen aufgeweichten Blumenbeet häßliches Unkraut entfernt. Einmal mußte man auf diese Weise doch an ein Ende kommen, selbst wenn eine Zeitlang unter jeder Sündenschicht eine neue steckte! Ganz zu unterst fand sich dann sicher die seelische Gesundheit, die Fähigkeit zu lieben, sich zu freuen und auf die Herausforderungen des Lebens angemessen zu reagieren, nicht nur E r h o l u n g vom Streß zu finden, sondern E r l ö s u n g von ihm.

In meiner psychologischen Arbeit sprach ich meist lieber von Fehlern, als von Sünden. Für mich selbst zog ich jetzt aber den Begriff "Sünde" vor. (Die Unschuld, die ich bei Florian sah, wurde nicht von Fehlern zerstört, sondern von Sünde.)

Ja, ich wollte es versuchen, wollte die "Flucht nach vorn " antreten und konsequenter als bisher auf mein Gewissen hören, jede auch noch so gut versteckte oder getarnte Sünde als Sünde ansehen, von Gott Vergebung erbitten und keine Sünde mehr aus den Umständen entschuldigen. Dann würde sich ja herausstellen, ob mit der Sünde auch die innere Not verschwand.

Innere Fehlhaltungen haben Namen

Meine Hoffnung, daß die Umkehr von Sünde eine innere Befreiung bringen und nicht den letzten Rest von Freiheit rauben würde, hatte eine Vorgeschichte.

Während der siebziger Jahre war ich in einer psychologischen Beratungsstelle beschäftigt gewesen. In dieser Zeit schossen die Erziehungs- und Familienberatungsstellen - das entsprach einem Bedürfnis in der Bevölkerung - wie Pilze aus dem Boden. Man strebte an, pro 50 000 Einwohner eine Beratungsstelle zu errichten. Psychologen waren damals sehr gefragt, die Wartezeiten für die Ratsuchenden betrugen Monate bis Jahre.

Das Vertrauen in unsere Kunst überforderte uns aber. Wir wollten helfen, forschten und suchten, lasen und bildeten uns fort, lernten am einzelnen Fall, lernten aus Fehlern und stießen in der Praxis immer wieder auf die schwer zu korrigierenden inneren Fehlhaltungen. "Es sind die Haltungen, die nicht stimmen, die inneren Einstellungen zu den Gegebenheiten, an denen man drehen können müßte", seufzten wir.

Auf der Suche nach den effektivsten therapeutischen Methoden erlernte ich im Laufe der Jahre Verfahren, mit denen es möglich war, den inneren Haltungen zum Ausdruck zu verhelfen, um sie dann sozusagen von außen betrachten und Alternativen probieren zu können. Weil ich damals ausschließlich in psychologischen Kategorien dachte, kam ich dabei bestenfalls bis dahin, Haltungen und Motive offenzulegen, aber kaum darüber hinaus. Ich hatte auch keine Ahnung, wie man die inneren Motive, die oft giftig und zerstörerisch waren, hätte reinigen sollen. Ich erklärte sie deshalb in Übereinstimmung mit allen anderen Psychologen, die ich kannte, als "ganz verständlich", "ganz normal, "ganz menschlich", auch wenn es sich um Motive handelte wie Haß, Neid, Habgier und so weiter. Man mußte sich, dachte ich, mit seinen negativen Triebfedern selbst annehmen. Sie gehörten ja zu einem dazu. Und unter "annehmen" verstand ich "hinnehmen", akzeptieren, daß ich so bin, wie ich bin, und es - zunächst einmal, "kommt Zeit, kommt Rat" - dabei zu belassen.

Im Jahr 1974 kam es dann in meinem eigenen Leben zu einer überraschenden Wende. Zu einem Zeitpunkt, als es für mich, dem Zeittrend entsprechend, fast keine größere Sünde gab, als den Begriff Sünde zu verwenden, berührte mich in einem Gottesdienst für einen Moment lang die Liebe Gottes - sehr tief, sehr nachhaltig und zweifelsfrei. Ich kam, für mich selbst überraschend, zu einem lebendigen Glauben an Jesus Christus, nachdem ich als Kind bereits christlich erzogen worden war.

Danach gab es nichts, was nicht neu zu überdenken gewesen wäre. Indem ich mich in die Bibel einzulesen und für christliche Glaubenszeugnisse zu interessieren begann, stieß ich jetzt auf einen neuen Begriff. Da. wo ich bisher nur "Haltungen" gesehen hatte, sprachen die Autoren von "Haltungs s ü n d e n ". Und sie kannten auch die Namen dafür: Neid, Stolz, Gehässigkeit, Schadenfreude, Selbstgerechtigkeit, Selbstmitleid, Rebellion, Bitterkeit, Groll, Habsucht und viele mehr.

Bald erschreckte mich das Wort "Sünde" nicht mehr. Ich lernte, dem Tausch zu vertrauen, den Gott in seiner unfaßbaren Güte anbietet: Unsere Sünde für die Gnade der Erlösung. - Erlösung und Umkehr von tief eingefleischten Haltungssünden wurde das, was mich n u n interessierte. War es möglich, aus den verzwickt miteinander kombinierten Haltungssünden und der qualvollen Sicht, die man durch sie hatte, auszusteigen und die Umkehr anzutreten? Wie lange würde es dauern, und wo käme man dann hin?

Die ersten Antworten auf solche Fragen waren im Zusammenhang mit meiner Eifersuchtskrise gekommen. Sie war der erste unfreiwillige Anlaß gewesen, mich an die inneren Eisblöcke aus Stolz und Wut heranzuwagen.

Dabei wurde mir vom eigenen Erleben her klar, was ich theoretisch bereits wußte, daß unverarbeitete und unbereinigte Kindheitsverletzungen wie Nester sind, in denen Gottweißwas haust. Solche Nester können verborgen sein, verkapselt, können aber auch, und das bedeutet Krise, wahrnehmbar werden. Dann besteht die Chance, sie auszuheben, so daß sie nicht weiter in der Tiefe ihr Eigenleben führen und uns aus dem Unbewußten motivieren können.

Weil sich die Eifersuchtsproblematik zwar nicht besonders schnell, aber doch unerwartet elegant und vollständig aufgelöst hatte, ging ich an die momentane Krise mit ihrem neuen Thema (Druck, Zeitdruck, Unruhe, Arbeitsunlust und Depression) verhältnismäßig zuversichtlich heran.

26

Wie heißt meine Sünde?

Auf die Frage, wie meine Sünde hieß, hatte ich jetzt schnell die Antwort: Ich war durch und durch mürrisch und unzufrieden. In der Sprache der Bibel hieß das "Murren". Das Volk Israel in der Wüste vor Augen, wie es im Alten Testament beschrieben wird, dieses Volk, das trotz Gottes großartiger Hilfe und Versorgung immer wieder unzufrieden murrte und das sich damit so geschadet hat, wußte ich, daß Murren (auch in Wüstensituationen) Sünde war. Ich bat in der Stille meiner Küche Gott dafür um Vergebung.

Die Umkehr vom Murren vollzog ich nicht zum erstenmal. Aber diesmal sah ich, daß unter dem Murren Lüge steckte. Negative Kleinigkeiten bauschten sich dort übermäßig auf. Lüge saß da, die jeden kleinen Handgriff, der zu tun war, als schlimm und schrecklich hinstellte, obgleich in Wirklichkeit nichts schlimm und schrecklich war. Auch von diesem Übertreiben löste ich mich im Gebet. Ich wollte damit nichts mehr zu schaffen haben. Und weil ich einmal dabei war, wandte ich mich mit einem Absagesatz auch gegen das Selbstmitleid, das ich in mir spürte. Der Grundimpuls des Selbstmitleids lautet:"Ich Arme, die Bösen". Ich wußte bereits, daß in dieser Sicht kein echter Trost lag.

Sehr viel veränderte sich danach in meiner Stimmung nicht. Aber ich wußte, ich war mit den Sündenhaltungen, die ich vor Gott bekannt hatte, nicht mehr eins. Es war nicht mehr "mein" Murren, "meine Lüge", "mein" Selbstmitleid. Damit war schon viel gewonnen.

Mittags beim Spülen merkte ich, daß ich verdreht dastand. Was war mit meinem Körper los? Was sagte seine Haltung? Ich fühlte mich in diese verdrehte Haltung ein, mit der ich hinter dem Spülbecken stand, und begriff: Diese Haltung war Ausdruck dafür, daß ich weg wollte. Halb war ich schon draußen. Der Oberkörper war noch da. Das war mehr als nur Murren. Das war Verweigerung, Trotz, Rebellion. "Ich will nicht", war die Übersetzung meiner Körperhaltung.

Auf die Frage an mein Herz, was es denn statt dessen wollte, kam zäh und zögernd, aber schließlich doch verstehbar, die Antwort in mein Bewußtsein: Es fühlte sich zu etwas Besserem als zur Hausarbeit geboren. - "Aha", seufzte ich, "d a s ist es ".

Um mich diesem Tatbestand gegenüber richtig einstellen zu können, brauchte ich jetzt eine Pause. Es war möglich, Florian einer Nachbarin anzuvertrauen, die mit ihren Kindern am Sandkasten in der Sonne saß. Für eine knappe Stunde ging ich dann in die Felder nahe unserem Haus, um zur Ruhe und zu mir selbst zu kommen.

Die Sonne schien. Das Korn stand hoch und duftete. Den Wegrand dekorierten Kamille und Klatschmohn. Lerchen tirilierten in der Luft. Alles war herrlich, nur ich war enttäuscht. Ich hatte gedacht, in bezug auf Stolz schon weiter zu sein. Aber da saß er mir im Herzen und war alles andere als erledigt. "Zu etwas Besserem geboren!" War dieser Wahn denn unausrottbar?

Ich brachte meine Enttäuschung zu Gott und überantwortete ihm Rebellion und Stolz, so wie ich sie in mir spürte, bat ihn dafür um Vergebung und um wirkliche, tiefgreifende Erlösung.

Für den Rest des Tages erforderten die verschiedensten Aufgaben meine Aufmerksamkeit. Daniel kam von einem Kindergeburtstag zurück, Bodo von der Arbeit, Tom führte lange Telefonate, und ich fragte mich bangen Herzens, ob es Ferngespräche waren. Florian spielte mit dem Hamster. Auf ihn mußte ich achten, weil der Hamster nicht entkommen durfte. Bei den verschiedenen, zum Teil routinemäßigen Aufgaben in der Wohnung war meine Verstimmung - ich nannte sie nur deshalb nicht Depression, weil ich den Teufel nicht an die Wand malen wollte - nicht verschwunden.

Trotz meiner Umkehr von Sünde war ich nicht frei. Woran lag das? Mußte diese Umkehr vielleicht immer wieder und immer tiefer vollzogen und realisiert werden? War es nötig, meine Sünden ausdrücklich zu beichten und die Lossprechung zu empfangen? Oder steckte noch mehr als nur Sünde hinter meiner miserablen Stimmung? Ich war fest entschlossen, es herauszufinden.

Die Falle schnappt zu

Meine Entschiedenheit, mit jeder Sünde zu brechen, glich dem Benehmen einer ungeduldigen Mutter, die ihr verdrecktes Kind, ohne auf seine aufgeschlagenen Knie besonders zu achten, mit den Worten abseift: "Das wollen wir doch einmal sehen, ob wir dich nicht sauber bekommen!" Eine solche Mutter sieht den Schmutz leichter als die Wunden darunter.

Befangen in dieser Art Strenge gegen mich selbst, für deren Erbarmungslosigkeit ich noch blind war, organisierte ich einen Ausflug nach Köln, für den ich eigentlich weder die Kraft noch die Zeit hatte. Die Absicht dabei war, daß es den Kindern gut gehen sollte, wenigstens schon einmal ihnen.

Die Kinder freuten sich über die Fahrt mit dem Zug. In Köln durften sie lange auf dem Domplatz, wo es eine Rolltreppe gab, herumtollen. Dann aßen wir Hamburger und fuhren wieder zurück. - Zuhause warteten der Abwasch, den Tom und Bodo stehen gelassen hatten, und die übrige liegengebliebene Arbeit auf mich. Vom Ausflug erschöpft, wollte ich das nicht hinnehmen. Ich beklagte mich aufgebracht, lautstark und bitter. Den Kindern stockte der Atem. Die Atmosphäre gefror zu Eis. Danach fiel ich in eine lähmende Verzweiflung. Die depressive Falle schnappte jetzt in einem Ausmaß zu, wie ich es zuvor noch nicht erlebt hatte.

Ein paar Tage schleppte ich mich mühsam dahin, erholte mich etwas und wußte, ich hatte mich fromm übernommen. Mir fielen alle Warnungen wieder ein, die ich in Predigten gehört hatte, mich vor einem Fahrwasser von Selbsterlösung zu hüten, und statt dessen die Erlösung und Gnade zu ergreifen, die uns in Jesus Christus g e s c h e n k t ist.

Ich versuchte daher, mich selbst frei zu lassen, Gott anzubeten und ihm für mein Leben und für meine Erlösung zu danken und zu vertrauen, daß e r bei mir war. Wie ein Ertrinkender nach Luft schnappt, bekannte ich betend meinen Glauben in die geistliche Welt hinein:

"Ich bin erlöst. Der Böse ist besiegt. Gott selber ist in mir am Werk und gestaltet mich um. Er schafft in mir, was i h m gefällt. Er schafft es, er! Auch wenn ich mich selbst ablehne, er lehnt mich nicht ab. Er liebt mich und vergibt mir. Und ich weiß genug von ihm, daß ich niemals aufgeben werde. Ich komme zu ihm, wie ich bin, und folge ihm, so gut ich kann, bis ich schließlich mit ungeteiltem Herzen ganz sein bin."

Die Vergangenheit ersteht auf

Die verzweifelte Stimmung, in die ich jetzt so leicht geriet, war mir bereits aus meiner Kindheit bekannt. Sie resultierte aus Vorstellungen in dem Sinne: "Die Arbeit ist nicht zu schaffen. Du wirst niemals fertig werden. Es ist aussichtslos. Sie wird dich erdrücken. Du kommst nicht zu deinem eigentlichen Leben."

Der Film meiner Kindheit zog, wenn ich nach wie vor bei meiner täglichen Arbeit verwirrt und wie gelähmt auf der Stelle trat, mit den unterschiedlichsten Szenen an meinem inneren Auge vorbei. Die Frage, die ich immer dringlicher an diesen Film stellte, lautete: Warum hatte ich mich denn eigentlich schon damals verweigert? Wenn ich heute mürrisch und ungerecht wurde gegenüber der Familie, wenn ich gereizt Leute vor den Kopf stieß, was wollte ich denn dann e i - g e n t l i c h ?

Meine momentane Situation war - daran hielt ich fest - ja nicht in Wirklichkeit schlimm. War die ursprüngliche denn schlimm gewesen, das, was aufzuerstehen schien aus der Vergangenheit und meine Gegenwart erlebnismäßig überlagerte?

Nach einer Verwöhnungsphase hatte ich im Alter von sieben Jahren keine Lust gehabt, auf meine Zwillingsschwesterchen aufzupassen, als diese plötzlich da waren. Ich wollte selbst spielen. Ich hatte auch keine Lust gehabt, in der Wohnung zuständig zu sein für alles mögliche. Wo es eben ging, drückte ich mich daran vorbei und tat nur das Nötigste mit Murren.

Heute - in einer ähnlichen Lage - erstanden, besonders unter der Belastung gestörter Nächte, alle negativen Gefühle und Reaktionen, die damals an der Tagesordnung gewesen waren, wieder auf. Es kam mir so vor, als wäre es immer noch so schwer für mich wie für eine Sieben- oder Achtjährige, den Haushalt zu bewältigen. In gewisser Hinsicht war ich immer noch auf diesem Stand von damals, als ich die Flinte ins Korn geworfen und mich verweigert hatte.

Ich nahm mir Zeit und ging an meinen Gefühlen entlang in die Vergangenheit zurück:

Es war die Zeit nach Kriegsende. Die Not war alptraumhaft. Meine Mutter hatte gerade die Zwillinge geboren. Mit diesen, ohne jede ärztliche Hilfe und zu früh geborenen, kaum lebensfähigen Kindern und mir kehrte sie dann von einer Evakuierung aus Sachsen ins Rheinland zurück, aus einem lieblichen Dorf in die Industrielandschaft eines Vorortes von Düsseldorf. War diese Rückkehr für mich schlimm? Schlimm war dabei vor allem, daß ich jetzt den Onkel, bei dem wir während der letzten Kriegsjahre gewohnt hatten, entbehren mußte. Er war über Jahre eine Art Vater für mich gewesen. Mein wirklicher Vater, der an Ruhr erkrankt, sehr zerschlagen und geschwächt, geistesabwesend und überfordert - mehr tot als lebendig - aus der Kriegsgefangenschaft heimgekommen war, hatte in der entscheidenden Zeit den Verlust nicht ersetzt. - Oder war es schlimm, daß wir, zumindest im Winter, mit fünf Personen quasi in einem Raum (denn nur ein Raum wurde geheizt) lebten und daß in diesem Raum Unruhe und Lärm herrschten?

Die Zwillinge schrien viel, hatten Keuchhusten und andere Krankheiten, waren unzufrieden, langweilten sich. Aber war dabei nicht das Schlimmste, daß ich fast immer zuständig war für Ordnung, für die Zufriedenheit der Kinder? Nein, noch anders: Daß ich die Kinder zeitweise dafür haßte, das war schlimm. Daß ich sie beherrschte, dominierte, daß sie dann trotzten und mir Widerstand entgegenbrachten (zumindest eine der beiden), der mit nichts zu brechen war, das war schlimm. Oder war es wieder nur meine ohnmächtige Wut, mit der ich nun meinerseits darauf reagierte, die schlimm war?

Und meine Mutter? Sie war auch überfordert. Wir hatten ja nicht nur kaum etwas zu essen und bedrohliches Untergewicht, wir hatten auch Würmer und Krätze und was nicht noch. War das schlimm? Schlimmer als das war, daß meine Mutter darauf, besonders auf die Krätze, so verzweifelt und aufgebracht reagierte. Sie machte mich verantwortlich, weil ich mit Kindern gespielt hatte, die "unsauber" waren. Ihr empörtes Schimpfen mit mir, das war schlimm! - Oder wurde all das nur deshalb schlimm, weil ich ihr die Ungerechtigkeit mir gegenüber nicht verzieh, weil ich bitter wurde, mich abwandte, das Glück außerhalb der Familie zu suchen begann? Ja, vielleicht war das Schlimmste, daß ich den ganzen Bereich Familie, kleine Kinder, Spiel mit Kindern, waschen, bügeln, aufräumen, putzen zu hassen und zu meiden begann, daß ich in bezug auf Familie und Hausarbeit eine gelähmte, verzweifelte Faulheit entwickelte und einen brennenden Ehrgeiz und Eifer, wenn es darum ging, mir in der Schule gute Noten zu holen.

Der Geist der Rebellion

So viel war klar, die qualvollen Erinnerungen aus der Kindheit wurden heute wieder aktuell durch die verschiedensten Signale: wenn Daniel und Florian unzufrieden nörgelten und sich an mich hängten, wenn ich mich schwach fühlte im Körper, Kopfschmerzen hatte, mit Unordnung kämpfte, oder womöglich alles zusammenkam. Jedes Geräusch hieß dann für mich: "Los, hopp, du bist zuständig. Deine eigenen Wünsche und Bedürfnisse interessieren nicht." Dann ging es mir schlecht, sehr schlecht. Eine Neigung zu bösartigen Reaktionen wurde fast unwiderstehlich, vor allem Ablehnung, Wegstoßen, Haß, wenn etwas nicht klappte, nicht an seinem Platz stand, eine große Gereiztheit bei allem, was mir in die Quere kam. - Gleichzeitig hatte ich die Kinder lieb und wollte ihnen auf keinen Fall schaden.

Von Menschen, die mir Vorbild waren, hatte ich gelernt, unangemessenes Verhalten zwar aus der Vergangenheit zu verstehen, aber nicht aus ihr zu rechtfertigen. Weil ich allein offenbar nicht recht vorankam, entschied ich mich, Seelsorge in Anspruch zu nehmen.

Ich fuhr zu einer in Seelsorge erfahrenen Frau nach Holland, Lijda van Diemen, der ich vertraute. Ihr erzählte ich von meiner Kindheit und welche Mühe mir die Hausarbeit noch heute machte, wie unzufrieden ich deshalb mit mir selbst war.

Lijda betete für die Heilung der Erinnerungen. Dann leitete sie mich an, meinen Eltern und Geschwistern zu vergeben und Gott für meine eigenen Sünden aus der damaligen Zeit, so wie sie mir einfielen, um Vergebung zu bitten, besonders für meine Rebellion. Danach befahl sie mit großer Glaubenskraft und im Namen Jesu dem Geist der Rebellion, den sie in meinem Leben zerstörerisch am Werk sah, von mir zu weichen.

Wieder zu Hause, machte ich einen Hausputz mit Freude und war überzeugt, jetzt frei zu sein. Der Zustand hielt sich aber nicht. Kurze Zeit später war alles wieder beim alten. Ich konnte das nicht verstehen.

Ich gab nicht auf. Das qualvolle, schwer zu beschreibende Druckgefühl mußte man doch loswerden können! Es sollte verschwinden! Manchmal, unter bestimmten Umständen, war ich doch frei davon!

Die Hoffnung, die ich brauchte, um nicht aufzugeben, bestand darin, solche Durchbrüche in die Freiheit nach und nach immer leichter finden und immer dauerhafter bewahren zu können. Aber wie? Die Tür zu diesem Zustand von Freude und Gottesnähe, den ich mir so sehr als Dauerzustand wünschte, war oft noch wie zugeschlagen und außerdem merkwürdig verborgen und von Angst umstellt. Manchmal fand ich durch diese Tür hindurch, ohne zu wissen, w i e . Ich kam in die ersehnte Freiheit, freute mich daran und verlor sie wieder, ebenfalls ohne zu wissen, w i e .

Ging es mir nicht meistens in der "Arche" gut?

Wieso eigentlich? Welche Haltung nahm ich denn dort ein? - Wie eine Blinde tastete ich mich in d i e Richtung vor, aus der mir die Hilfe zu kommen schien.

Wenn Gott der Herr ist

"Arche" war der Name für ein Ladenlokal, das Bodo und ich gemietet hatten. Eine konfessionell gemischte Gruppe von Christen kam dort unter unserer Leitung regelmäßig zum Gebet zusammen. Dieser Kreis war einer von vielen, die in den siebziger und achtziger Jahren im Zuge einer weltweiten "charismatischen" Erneuerungsbewegung entstanden waren. Das Wort "charismatisch" leitet sich von "Gnade" ab. Daß Gott Gnade und Gnadengaben schenkt, war das, war wir in der "Arche" erwarteten und erfuhren und worauf wir mit Dank- und Jubelliedern fröhlich antworteten.

Während dieser Gebetstreffen lernte ich es, auf Gott zu warten, mit Gott zu rechnen, davon auszugehen, daß er wirklich da war und daß die eigentliche Leitung bei i h m lag. Diese Einstellung war schon seit Jahren trainiert und hatte sich aufs Erstaunlichste bestätigt. Denn an den Montagabenden, an denen wir uns trafen, hätten wir aus unserer eigenen Kraft und Intelligenz heraus weder Gott herbeizwingen noch Störungen verhindern können.

Manchmal kamen Menschen zu den Gebetstreffen, die langatmige Geschichten erzählten oder ermüdend lang und merkwürdig fromm beteten. Manchmal hatten wir es zu tun mit offener Kritik oder auch mit jugendlichen Randalierern, die vor unserer Tür absichtlich Lärm machten. Und so waren wir vor und während eines jeden Treffens auf die Führung und die Weisheit angewiesen, die man im Hören auf Gott hat, wenn wir nicht ins Schwitzen kommen wollten vor Überforderung

Solange wir in dieser Einstellung blieben, wenn wir wirklich auf Gott und seine Impulse warteten und ihnen folgten, gelangen die Abende. Überraschend einheitlich entfaltete sich meist eine besondere Thematik. Die spontanen Beiträge, Lieder, Bibeltexte, Zeugnisse, Gebete paßten zueinander, ergänzten sich. Es geschah geistliches Wachstum und innere Umkehr bei denen, die kamen.

Im Verlauf solcher Gebetstreffen wurde auch ich in der Regel innerlich frei. Spätestens gegen Ende war keine Unruhe mehr in mir. Ich fand eine Haltung, in der es mir gut ging, und passierte offenbar jedesmal neu die Tür zu dieser inneren Freiheit, die man in Gott hat.

Aber w i e genau geschah das? Was war das Geheimnis dieser inneren Umstellung, die in der "Arche" immer leichter gelang? - Ich wußte es: In dieser Haltung hatte Gott die Herrschaft und nicht ich. Aber warum, wenn ich montagabends noch in dieser Haltung war, hatte ich sie oft dienstagmorgens schon wieder verloren?

Ich weiß nicht mehr, ob es Wochen oder Monate waren, in denen ich hilflos auf der Stelle trat. Eines Tages jedoch ging es mit einer bestimmten Erkenntnis und mit einer bestimmten Vokabel weiter.

Dominanz kommt in den Blick

Beim Anhören einer Predigtkassette stieß ich auf ein Wort, daß mir für das Verständnis meiner selbst jetzt endlich zum Schlüssel werden sollte: "Dominanz". Den Kopfhörer des Walkmans noch an den Ohren, wußte ich, das war es: "Dominanz"!! Ich freute mich. Es ist viel gewonnen, wenn man die Namen seiner Feinde kennt. Am Namen kann man sie aufspießen und in die Sonne halten. (Das nennt man dann auch "beichten".)

Von nur durchschnittlicher Körpergröße fühlte ich mich in der Regel groß und "drüber". In meinen eigenen Augen war ich meist stark und oben. Der andere war es, der versorgt werden mußte. Zu einer solchen Einstellung fühlte ich mich einerseits immer irgendwie verpflichtet, andererseits hatte mir diese Rolle bisher natürlich auch eine bestimmte Überlegenheit und Wichtigkeit eingebracht. Erhielt ich dafür jetzt die Quittung? Waren meine Schwäche und die damit einhergehende Depression der Pferdefuß, der jetzt herauskam?

In der Bereitschaft, von Dominanz umzukehren und mich vom Geist der Dominanz zu lösen, überdachte ich jetzt meine Situation und mein gesamtes Leben unter d i e s e m Gesichtspunkt. Was ich an mir selbst oft als so hart und so herrisch wahrnahm, war also Dominanz. Allein das Wort, in dem Dominus, der Herr, steckte, sprach für sich.

Ich wußte nur im Kopf, daß ich nicht größer, stärker, zuständiger war als andere Menschen. Ich wußte nur im Kopf (es stand in der Schrift), daß ich andere höher achten sollte als mich selbst. Ich wußte nur im Kopf - oder ahnte ich es im Herzen? - , daß man Gemeinschaft und Miteinander auch ganz anders erleben und genießen konnte, daß es eine Verbundenheit auf gleicher Ebene gab, die wohltut, in der man entspannen kann und gewärmt wird.

Nicht überall dominierte ich gleich heftig. In meiner therapeutischen Arbeit konnte ich zuhören, das heißt ja immer, sich unterzuordnen. Das war eingeübt. Es gefiel mir auch gut, dem anderen wirklich den Raum zu lassen, ihn bestimmen zu lassen, was und wieviel er sprechen wollte, seine Gedankengänge nur konzentriert zu begleiten und immer wieder einmal zu zeigen, daß ich dabei war, daß ich ihn verstanden hatte, daß ich seine Gefühle nachvollziehen konnte. In der Regel erlebte ich dann, daß er sich verstanden fühlte, daß er zu Lösungen oder zu ganz gezielten Fragen durchbrach, daß man in der Sache, um die es ging, auf jeden Fall vorankam.

Ja, hier hatte ich es gelernt, die Freiheit des anderen zu achten, während die dominanten Reaktionen, zu denen ich sonst neigte, immer - das spürte ich jetzt - etwas Vergewaltigendes an sich hatten.

Natürlich, von Dominanz wollte ich frei werden (wobei ich zu dem Zeitpunkt noch nicht das Ausmaß dieser Geißel meines Lebens ahnte).

Die Spur wieder verloren

Bei einem unserer nächsten Gebetstreffen bekannte ich meine Gewohnheit zu dominieren, bekannte, daß ich Bodo gelegentlich gereizt anfuhr und mich meist, statt mich unterzuordnen, über ihn erhob. Meine Sündenerkenntnis war nicht besonders groß, aber immerhin so, daß ich die Anwesenden um Gebet bat.

In meinem Ehealltag gab es danach hin und wieder kleine Veränderungen. In manchen Dingen überließ ich die Verantwortung jetzt leichter Bodo, wo ich sie ihm zuvor gern aus der Hand genommen hatte, zum Beispiel bei finanziellen Entscheidungen. - An die Umkehr von Dominanz ging ich sehr vorsichtig heran. Ich sah mich auch nicht in jedem Fall, in dem ich das Heft in der Hand behalten wollte, als dominant. Auf bestimmten Gebieten sah ich mich als fähiger oder wichtiger als andere, ohne selbst entscheiden zu können, ob das tatsächlich zutraf, oder ob diese Sicht Teil und Zeichen meiner Dominanz war.

Aber allein schon der Begriff! Das Wort Dominanz! Es war in mich hineingefallen, und es saß! Besonders in Konflikten mit Bodo war neben meiner üblichen, reglementierenden Reaktion nun immer öfter auch die leise Anfrage meines Gewissens da: Liegt nicht das Problem vielleicht in deiner Dominanz?

Eine Zeitlang verfolgte ich diese Spur und korrigierte mich. Dann verlor ich sie wieder aus den Augen, und es änderte sich nichts Wesentliches - weder in meinem Befinden, noch in meiner Beziehung zu Bodo. Daß ich die Kinder dominierte, fiel mir überhaupt nicht auf. Kinder muß man leiten, dachte ich und wußte nicht, wie sehr ich sie dominierte.

Eine entscheidende Wende stand aber bevor. Gott gebrauchte sein Megaphon, wie es C.S. Lewis (in seinem Buch "Über den Schmerz", München 1978) ausdrückt: "Gott flüstert in unseren Freuden, er spricht in unserem Gewissen, in unseren Schmerzen aber ruft er laut. Sie sind sein Megaphon für eine taube Welt .." - Ich wurde krank.

Die unüberhörbare Sprache
des Schmerzes

Eines Nachts, noch im Schlaf, weinte ich, wurde wach, wollte aufstehen und konnte es nicht. Jede Bewegung tat überaus weh. Es stellte sich heraus, daß ich zwar sitzen konnte, aber nicht liegen und nicht stehen. Wenn ich unbedingt gehen mußte, dann war mein Oberkörper fast im rechten Winkel nach vorn abgeknickt, so daß ich eine sehr merkwürdige Figur abgab. Der Röntgenbefund am nächsten Tag lautete: Bandscheibenvorfall.

Wir waren gewöhnt, bei Krankheit um Heilung zu beten, und Bodo tat das. Er griff zu seiner Bibel, suchte eine bestimmte Stelle und las, während er mir im Namen Jesu die Hände auflegte: "Er (Jesus) lehrte aber in einer der Synagogen am Sabbat und siehe, da war eine Frau, die seit achtzehn Jahren einen Geist der Krankheit hatte, und sie war verkrümmt. Sie konnte sich gar nicht aufrichten. Als nun Jesus sie sah, rief er sie zu sich und sprach zu ihr: Weib, du bist erlöst von deiner Krankheit. Und er legte ihr die Hände auf, und sie wurde sogleich gerade und betete zu Gott" (Lukas 13, 10 - 13).

Bodos Gebet tat mir wohl. Ich war ihm dankbar. Der Bibeltext sagte mir auch etwas. Aber es änderte sich nichts. Ich litt weiter und saß fest in meinem Sessel. Notgedrungen ließ ich mich vom Arzt behandeln. Bald begriff ich, daß offenbar kein Kraut gewachsen war gegen Bandscheibenvorfall. Man konnte nur entweder abwarten, ob sich die Sache wieder einrenkte (so daß man vorübergehend vielleicht beschwerdefrei war, aber ständig rückfallgefährdet) oder man ließ sich operieren. - Spritzen und Streckapparat nahm ich ein paar Tage lang in Anspruch, verlor dann aber die Hoffnung, daß sich die Mühe des Weges und des Wartens beim Arzt lohnten.

Als ich die Arztbesuche eingestellt hatte, kam ich wenigstens zur Ruhe und zu mir selbst. Das tat mir einerseits gut, andererseits weinte ich oft vor Schmerzen und vor Hilflosigkeit. Die Kinder schoben mich am Po und machten Autogeräusche ("brmm-brmm"), wenn ich gebückt durch die Wohnung ging, so daß es wenigstens hin und wieder etwas zu lachen gab. Die Arbeit, die unbedingt getan werden mußte, lief recht und schlecht entweder durch mich in gebückter Form oder durch Bodo oder durch Daniel. Tom, unser Großer, wohnte inzwischen nicht mehr bei uns. Er war auf Anraten seines Arztes in eine Wohngemeinschaft gezogen, von wo aus er uns nur noch hin und wieder besuchte.

Weil nichts besser wurde, nicht im geringsten, trotz wiederholtem, intensivem Beten um Heilung nicht, kam ich auf die Idee, ich müßte mich in die Krankheit fügen, sie wäre mir von Gott verordnet, um mich zur Ruhe zu bringen oder um mich zu demütigen oder was auch immer. In solche Gedanken vertieft, bekam ich aber einen Anruf mit einer ernsten Mahnung, nicht Krankheit, sondern Heilung von Gott zu erwarten. Die Warnung war äußerst entschieden: "Warum willst du Glauben investieren für Krankheit und nicht für Heilung!"

Heilung und Befreiung

Im Fragen vor Gott, wie es weitergehen könnte, kam mir der Gedanke, noch einmal meine Dominanz als Sünde zu bekennen, um davon losgesprochen zu werden.

Ich verabredete mich zu einem Beichtgespräch, bei dem ich, ohne zu beschönigen oder zu verharmlosen, dominantes Verhalten als eine für mich seit meiner Kindheit typische Verhaltensweise offen preisgab und auch bereute.

Einen Tag darauf, zehn Tage waren inzwischen mit diesem Schmerz und dieser Not vergangen, vollzog ich nun doch eine vorbehaltlose Einwilligung in Gottes Willen. Ich gab mich ihm hin, wie ich war, mitsamt der Krankheit in dem Sinn:" Ich gehöre dir, wie ich bin. Tu mit mir, was du willst." Weil es mir ernst war damit, ließ ich die Verantwortung für die Situation, für meine Heilung oder auch für die Probleme, die auftauchen würden, wenn ich krank bliebe, an Gott los. Mehr, als mich ihm ausliefern, konnte ich nicht. Es war dieselbe Haltung vertrauensvoller Einwilligung und Unterordnung unter Gott, die ich in der "Arche" schon eingeübt hatte.

Während dieses nicht sehr wortreichen Gebetes strömte Glauben in mich ein. Ich wurde erfüllt von Glauben, von der Gewißheit der Größe Gottes, seiner Liebe und meiner Heilung. Wieder änderte sich nichts, außer daß ich zu Bodo sagte: "Gott hat mich geheilt, ich weiß es."

Vom nächsten Morgen an spürte ich Besserung. Und innerhalb von zwei Tagen war ich wieder gesund. Eine Zeitlang war der Rücken noch schwach. Ich merkte das bei sportlichen Aktivitäten. Aber dann ging es mir nicht nur so gut wie vorher, sondern besser. Ein Wohlbefinden im Rücken, eine Freiheit im Nacken, Freiheit von Kopfschmerzen, besseres Schlafen und eine größere Achtsamkeit für meine Gewohnheit zu dominieren, waren die Folge. Ich fuhr bald wieder mit den Kindern Rollschuh und dankte Gott, daß ich das konnte.

Eins war nach dieser Krankheit vor allem anders: Das Ausmaß meiner Neigung zur Dominanz und deren Folgen wurde mir erschreckend bewußt. Ich empfand Trauer und Reue beim Gedanken daran, wie sehr ich geherrscht, kontrolliert und unterdrückt hatte. Am größten war mein Schmerz über den Mangel an Liebe und Gemeinschaft mit den Kindern, den die dominante Haltung nach sich gezogen hatte. Vor allem Tom hatte ich damit sehr geschadet. In der Haltung der Dominanz war es kaum möglich zu lieben oder geliebt zu werden oder auch mich selbst zu lieben. Dominanz, die sich gern hinter pseudofürsorglichem Bemuttern verbirgt, beruht auf Sorge und nicht auf Liebe.

Und so fing ich mit der Umkehr von Dominanz, so, wie sie mir jeweils bewußt wurde, jetzt auch besonders beim Umgang mit den Kindern an.

Die Entdeckung von Gemeinschaft

Die Beziehung zu den Kindern, besonders die zu Daniel, mußte neu erobert werden. Also begann ich darauf zu achten, den Kindern möglichst wenig Druck zu machen, statt dessen ihre eigene Motivation zu achten, sie so viel wie möglich frei zu lassen und ihnen doch nah zu sein.

Wir unternahmen viel, und in der untergeordneten, nichtdominanten Haltung, wenn sie mir gelang, bekam ich zu meiner Überraschung schließlich das, wonach ich mich seit Jahren und Jahrzehnten sehnte: das Glück von Gemeinschaft, das Glück, zu lieben und geliebt zu werden, das Glück, Freude zu machen und erfreut zu werden. Es war genau das Gegenteil dessen, was die Angst, zu kurz zu kommen, mir immer eingeflüstert hatte: Die Zeit mit den Kindern war nicht nur nicht verloren, sondern bestens genutzt.

Wir gingen regelmäßig schwimmen und traten einem Turnverein bei. Im Zoo schlenderten wir von Käfig zu Käfig. Die Kinder bestimmten das Tempo. Auf dem Weg zum Kindergarten hatten wir Zeit, blieben stehen, spürten das Wetter, mal Wind, mal Regen, mal Sonne, mal Schnee, verfolgten den Jahreszeitenwechsel an Blumen, Büschen und Bäumen. Nachmittags saßen wir beieinander. Die Kinder spielten, ich las. Auch das ging. Ich lernte zu lesen, ohne mich stören zu lassen, auch wenn sie meinen Schoß zum Spielen mitbenutzten oder mir im Nacken saßen. Wenn sie aufräumen sollten, gewöhnte ich es mir an, zu fragen:

"Kann ich euch helfen?" Das war auch etwas anderes als gereizt zu befehlen: "Nun räumt doch endlich einmal auf!"

Wenn die innere Unruhe, keine Zeit zu haben, diese Angst, zu kurz und nicht zu meinem eigenen Leben zu kommen, wieder auftrat, versuchte ich sie zu ertragen, zu spüren, zu erleben, statt mich dagegen zu wehren und darüber verbittert zu sein. Wenn auf diese Weise eine Haltung der Annahme meines Lebens, so wie es war, einschließlich etwaiger negativer Gefühle, gelang, konnte ich sicher sein, daß ich über kurz oder lang in ein störungsfreies Wohlbefinden durchbrach. Nichts mehr war dann ein Problem. Ich hatte Zeit, eine Zeit, die aus dem Vorrat der Ewigkeit zu stammen schien.

Schließlich wurde der Umgang mit den Kindern, die Gemeinschaft mit ihnen, zum Medium, zur Brücke, in diesen Zustand hinein, wenn ich ihn verloren hatte.

"So ist die Sache mit uns Menschen sicher gedacht", atmete ich auf und studierte ausführlich und verwundert diesen neu entdeckten Zustand innerer Freiheit, in dem es keine Probleme gab, keine Angst, kein Übelnehmen. Nur Liebe, Freude, Gottesnähe und dieses interessante Zeiterleben: dieses Gefühl, an die Ewigkeit angeschlossen zu sein. Nichts liegt dann ferner als die Vorstellung, keine Zeit zu haben. Und doch ist man ganz in der Realität, weiß, wieviel Uhr es ist, ob man sich beeilen muß oder dergleichen. Das Wohlbefinden ist dann das Selbstverständlichste von der Welt. Kein Gedanke daran, daß man es im nächsten Augenblick wieder verloren haben könnte, um dann ein halbes Jahr zu brauchen, bis es sich wiederfindet. So ist es, so war es.

Mit dem Herannahen des Winters traten wieder gehäuft Phasen von Depression auf. Erst wollte ich es nicht wahrhaben. Erlahmend fragte ich mich in solchen Situationen: Hatte ich überhaupt schon Land gewonnen? Wieso fand ich mich immer wieder auf dem Stand Null?

Morgens fühlte ich mich generell unwohl. An den Kindern konnte ich ablesen, wie es mir selber ging. Sie spürten, wenn sie mir im Weg waren, wurden öfter krank, quengelten und langweilten sich. Das wiederum schwächte mich, machte mich wütend und ungerecht.

Der Geist des Neides

"Beginn des Winters" schien zu bedeuten: "Der Kampf geht in eine neue Runde". Diesmal stieß ich bei der Fahndung nach meinen Feinden, den Haltungssünden, die ich aus mir heraushaben wollte, auf Neid. Das Thema dieses Winters war der Neid, der spürbar wurde, wenn ich mich zu dominieren hütete.

An einem grauen Buß- und Bettag, Bodo war verreist, die Kinder schliefen noch, suchte ich mir schlaftrunken einen Zettel und notierte einen Traum:

"Mit Daniel (oder ist es Christel, meine Schwester?) und einem älteren Ehepaar befinde ich mich in einer Ferienwohnung. Ich soll oder will das Frühstück bereiten. Es fällt mir schwer. Ich brate Spiegeleier und koche dann auch noch Eier, weil ich die Übersicht verliere. Eins der gekochten Eier lege ich aus Versehen in den Mehlbeutel. Jemand macht mich darauf aufmerksam. Es ist mir peinlich. Wir warten mit dem Frühstück auf einen Gast, der aber nicht kommt. Ich habe Hunger, versäume aber zu essen. Ehe ich mich versehe, hat das Ehepaar gefrühstückt. Daniel (oder ist es Christel?) und ich, wir haben immer noch nichts gegessen. Aber inzwischen ist es Zeit, alles wegzuräumen und zu spülen, was mir sehr schwerfällt. Ich kann fast nichts sehen und finde meine Brille nicht. Ich werde auch nicht fertig mit den Kleidern, die herumliegen. Ich weiß nicht, wohin damit."

Während ich den Traum aufschrieb, war ich beeindruckt von dem Maß an Überforderung und Verwirrung, das sich in ihm ausdrückte. Meine Kinderhölle! Wenigstens streckenweise mußte ich die damalige Situation so erlebt haben. Auf bestimmte Signale hin lebte sie offenbar immer wieder auf.

Den ganzen Vormittag lang war ich niedergeschlagen, hatte Bauch- und Kopfschmerzen und einen unerträglichen Druck auf der Brust. Ich schaffte es nicht, mich einzulassen und zu investieren in die anstehenden Aufgaben. Mich frei zu fühlen zu dem, wozu ich Lust gehabt hätte, gelang auch nicht. Stunde um Stunde verrann. Kostbare Zeit. Ich trat auf der Stelle und wurde immer verzweifelter.

Zermürbt betete ich schließlich. Im Gebet war der einzige Ort, wo sich, wenn überhaupt, solche Nebel lichteten. Vor Gott drückte ich meine Verzweiflung aus, bat ihn um Hilfe und dankte im Glauben für das, was ich noch nicht sah, daß Gott mir helfen und mir "im Angesicht meiner Feinde den Tisch decken" würde (Psalm 23).

Dann überlegte ich mir lange, ob das, was mir auf der Brust saß, zu mir gehörte, ob das mein eigenes, widerspenstiges Herz, meine eigene verformte Haltung gegenüber dem Leben war, oder gehörte es gar nicht zu mir, war es vielleicht ein Dämon, der da saß?

Ich versuchte, mich eine Zeitlang nur wahrzunehmen, fühlte das Unwohlsein in mir, den Druck, den Schmerz. Indem es mir gelang, ganz bei mir selbst zu bleiben, es bei mir selbst auszuhalten, ließ ich davon ab, mich gegen den Druck mit innerem Gegendruck aufzulehnen. Und sofort ging es mir besser. Eine leise Erkenntnis kam in mein Denken:" Du hast doch Zeit!" Das hieß soviel wie: "Du darfst doch leben!" Im selben

Moment war ich wieder in der Lage, Gemeinschaft mit den Kindern herzustellen. Mein Leben kam wieder in Gang.

Nachmittags entstand zwischen Daniel und Florian Streit. Ich bekam Lust, die Kinder zu schlagen, wegzustoßen, zu verzweifeln, wegzulaufen, zu essen, starken Kaffee zu trinken. Als ich all dem nicht nachgab, spürte ich Schwäche, ein Überwältigtsein von Entmutigung, Lähmung und Depression. Diesmal ging ich schneller mit meiner Not zu Gott. Ich versuchte, meine bitteren Gefühle vor ihm in Worte zu bringen: "Sie haben es so gut, haben das, was ich gern hätte, freie Zeit, so viel sie nur wollen, und sind doch nicht zufrieden. Ich tu alles für sie, und sie wollen immer noch mehr. Was ist dabei denn eigentlich mit mir, mit meinen Bedürfnissen?"

"Neid", war die freundliche Antwort. "Dein Problem ist dein Neid". - Stimmte das? Ich nahm übel, daß immer ich "mußte", während andere nicht "mußten". Ja, daß das Neid war, konnte ich einsehen.

Ich stellte mich diesem Neid, ging an meinen Gefühlen und Vorstellungen entlang zurück in die Vergangenheit und verzieh in einer "Trockenübung" , das heißt, indem ich mir die frühere Situation vorstellte, meinen Geschwistern, daß sie geschont worden waren, während ich arbeiten mußte. Ich verzieh auch meinen Eltern und bat Gott um Vergebung für diesen Neid und den Haß, die in mir entstanden waren.

Dann lud ich, bittend und dankend, den Geist Gottes ein, in meine Verletzungen, in meinen Mangel, in meine unerfüllten Bedürfnisse zu kommen und bat ihn, auch für mich zu sorgen - und wußte mit einem Mal, daß er das längst tat.

Danach setzte ich mich mit einem Buch zu den Kindern, wurde aber müde, schlief für ein paar Minuten ein und erwachte mit einem bestimmten Satz auf den Lippen, der zu einer Art Leitsatz für mich werden sollte: "Tu nichts, außer du tust es aus Liebe."

Während dieses Winters, den ich in konzentrierter Achtsamkeit verbrachte, kam ich mir schließlich vor wie ein Jongleur, der auf sechs Bälle gleichzeitig zu achten hatte. Ich wollte nicht durch Murren sündigen, nicht durch Selbstmitleid, nicht durch Stolz nicht durch dieses autoritäre, dominante Wesen, zu dem ich neigte, nicht durch Rebellion und nicht durch Neid. Als ich mich schon fast damit abgefunden hatte, daß das Leben dermaßen kompliziert und mühsam ist, kam mit dem beginnenden Frühjahr ein neuer Gesichtspunkt in die Zusammenhänge, durch den sich alles vereinfachte: der Gesichtspunkt der Liebe.

Die Haltung der Liebe

Hubert, ein Freund aus der "Arche", überlegte, was er mit seinem VW-Bus machen sollte, den er nicht mehr brauchte. Schließlich bekam er folgenden Eindruck: "Gib ihn Bodo und Hanne Baar für den Preis, den ihr derzeitiges Auto einbringt, wenn sie es verkaufen." Hubert folgte diesem Eindruck und schenkte uns auf diese Weise, weil unser altes Auto nicht mehr viel wert, seines dagegen aber noch gut erhalten war, ein paar tausend Mark. Er bewirtete uns mit Kaffee und Kuchen, pflückte aus seinem Garten die schönsten Blumen und bedankte sich bei uns, daß wir sein Geschenk annahmen, weil er, so sagte er, in seinem Glaubensleben durch nichts so gesegnet würde wie durch Schenken. - Etwas verblüfft, beschämt und durch und durch gewärmt von seiner Liebe, fuhren wir nach Hause.

Auf der Rückfahrt im Auto wurde mir im Gespräch mit Bodo klar, daß ich persönlich selbst dann, wenn ich schenkte, wenn ich freundlich war, wenn ich Vorträge hielt, wenn ich kochte, Gäste bewirtete, also eigentlich zu g e b e n vorgab, darauf aus war, etwas zu b e k o m m e n , jedenfalls meist. Wenn ich Vorträge hielt, erhoffte ich mir eine "Eins", wenn ich schenkte und freundlich war, ein "Okay" ("Das war uns wirklich eine Hilfe, danke!"), beim Kochen, daß ich endlich fertig wurde, um dann frei zu haben und so weiter. Aus echter Liebe motiviert, selbstlos und ohne Hintergedanken, war ich nur selten, wenn überhaupt je.

54

Als wir in unsere Straße einbogen, bekam ich Freude bei dem Gedanken, mich nach Huberts Vorbild auf Schenken umzustellen. Während ich das, bevor wir ausstiegen, Bodo noch schnell auszumalen versuchte, hatte ich plötzlich die Gewißheit, daß in einer solchen Haltung auch mir selbst nichts fehlen würde. In der Motivation der Liebe, wenn man wirklich geben und nicht insgeheim haben will, bekommt man Führung von Gott und bleibt in ihm, weil er ja Liebe ist. Und auch die eigenen Bedürfnisse werden bedacht. In der Haltung der Liebe werde ich selbst nicht ausgenommen von der Versorgung mit Gutem. In dieser Haltung kann ich dann auch mir selbst mit gutem Gewissen Gutes gönnen (statt es mir mit schlechtem Gewissen herauszunehmen).

War das jetzt die Alternative zum "Muß"? Natürlich wußte ich längst, daß Druck, der Druck, unter dem ich so oft litt, und unter den ich mich und andere so oft setzte, nichts Gutes war und nicht von Gott kam. Gott zwingt uns nicht. Aber wenn ich mir bisher gesagt hatte, "kein Muß", war das fatalerweise wieder eine Mußvorschrift gewesen: "Das darf man nicht, sich oder andere unter Druck setzen. Man m u ß sich selbst frei lassen." - Derselbe Geist! Ja, jetzt sah ich endlich die Alternative.

Als wir die Wohnung betraten, war ich ganz aufgeregt. Alles paßte zusammen wie bei einer Mathematikaufgabe, die am Ende aufgeht. Ich jubelte. In mein Tagebuch schrieb ich: "Ich hab's! Sich dem Leben in einer schenkenden Haltung zu stellen, scheint Gott mit Glück zu belohnen."

In den darauffolgenden Tagen wurde für mich immer deutlicher, daß die verschiedenen Haltungssünden, mit denen ich zu kämpfen hatte, nur unterschiedliche Aspekte ein und derselben Haltung waren, nämlich der des Egoismus. Wenn die Umschaltung in die Haltung der Liebe gelang, war da kein Raum mehr für die Angst, zu kurz zu kommen, aus der sich aller Egoismus speist.

In freudiger Stimmung rief ich noch einmal bei Hubert an. Als ich ihm meine Gedanken mitteilte, bestätigte er mir: "Du hast recht, es gibt nur zwei Zustände. Entweder du bist in der Liebe oder in der Angst."

Ich brauche nicht "besonders" zu sein

Noch voll der Freude über Huberts Geschenk besuchten Bodo und ich einen Lobpreisgottesdienst in Düsseldorf, der in einem ehemaligen Kino stattfand.

Bereits zu Beginn, während der ersten Lieder, erschien - den Texten entsprechend, die wir sangen - vor meinem inneren Auge Jesus Christus, der Herr. Deshalb freute ich mich, als die Sängerin am Klavier einen einfachen Halleluja-Chorus anstimmte, der uns in die Anbetung führte. Der Chorus war für mich neu. War er improvisiert? Den anderen war er offenbar auch nicht bekannt. Als er wiederholt wurde, fiel tastend die Orgel ein, dann eine Gitarre, etwas später aus der ersten Reihe eine Geige. Bei den weiteren Wiederholungen kam das Schlagzeug hinzu, erst leise, dann lauter, und aus den Reihen der Gläubigen erklang der Rhythmus von Zimbeln und Schellen. Der Lobpreis schwoll an. Inzwischen, nach vielfachen Wiederholungen, konnten alle mitsingen. Sie sangen für den König der Könige: "Halleluja!" Jetzt nahm der Pastor die Trompete, und die farbige Sängerin am Klavier improvisierte eine Oberstimme. Der Gesang war in seiner Intensität und Schönheit kaum noch zu steigern. Oder doch? An dem Punkt, wo dazu die Mittel fehlten, weil alles schon einbezogen war in diesen inzwischen machtvollen Lobpreis, brach sich aus der Gemeinde ein Sprachensingen* Bahn.

---

* Auch "Singen im Geist" oder "Singen in Zungen" genannt. Vgl. 1.Korintherbrief 14,15: "Wie soll es nun sein? Ich will im Geist beten; ich will aber auch mit dem Verstand beten; ich will im Geist lobsingen; ich will aber auch mit dem Verstand lobsingen."

Der Raum war angefüllt mit Liebe und Herrlichkeit. Auch Bodo neben mir schien von Wärme durchströmt zu sein, die in einem versteckten Händedruck zu mir überfloß. - Während des Sprachengesanges hatte ich eine Erkenntnis: "Es ist kein Mensch bedeutender als der andere. Was uns unterscheidet, ist das Maß an Genauigkeit und Liebe, mit dem wir Gott folgen und damit uns selbst, unsere Eigenart, finden." - Ich sprach meine Erkenntnis in Form eines Dankgebetes laut aus. Die Glaubensgeschwister sagten: "Danke, Herr!" - "Preis sei Gott!" - "Halleluja!" Und dann dankte der Nächste für das, was e r gerade sah.

In einer Haltung der Freude, aus der heraus man gern gibt, ja, in der das Geben eigentlicher, selbstverständlicher Lebensausdruck ist, verließen wir den Saal.

Am Nachmittag sickerten wieder Druck und Unlust in mich ein. Einerseits hatte ich mich schon daran gewöhnt, damit zu leben, andererseits suchte ich jedesmal aufs Neue danach, wie ich mir das wieder eingehandelt haben könnte.

Am späten Abend, Bodo schlief schon, ging ich in die "Arche", zweihundert Meter von unserer Wohnung entfernt, um Ruhe zu finden. Im Dunkeln und bei offener Tür hörte ich eine Weile einfach nur den Wind- und Regengeräuschen zu. Nach und nach bekam ich dann eine Erkenntnis: Ich sah, daß ich mich permanent mit der Forderung, "besonders" zu sein, unter Druck setzte und mir diesen Druck dann übelnahm. Die Einfachheit dieses Musters meiner Störung brachte mich fast zum Lachen. Sollte das das ganze Geheimnis meiner Beschwerden sein? Hingen so Stolz, Dominanz und Rebellion in meinem Charakter zusammen? Bestand der Stolz in dem Wunsch, verglichen mit anderen "etwas Besonderes" zu sein, die Dominanz in der Strenge, mit der ich dementsprechende Leistungen von mir forderte, und die Rebellion in der Auflehnung gegen die Anstrengung, die das mit sich brachte?

Während ich dort im Dunkeln Zeit und Ruhe hatte, wußte ich zu meiner Erleichterung, daß ich weder "etwas Besonderes" war, noch "etwas Besonderes" sein mußte. Ich war so, wie ich war, angenommen von Gott. Als ich das betend ausdrückte, realisierte sich diese Sicht bis tief in meine Gefühle hinein. Währenddessen wichen die Hochmutsgeister. Ich gähnte mir die Seele aus dem Leib.

Danach war zweierlei anders: Ich hatte großes Interesse daran, durch die Nacht zu laufen, den Wind und den Regen zu spüren. Und ich wußte, ich mußte auch nicht besonders fromm sein. Eine bestimmte fromme (oder pseudofromme) Luft war plötzlich auch aus mir gewichen. - Zwei Stunden lang lief ich durch die Straßen. Danach, zu Hause im Sessel, hörte ich noch Chopin. Ich feierte, daß ich leben durfte, einfach sein durfte (sowohl einfach s e i n als auch e i n f a c h sein).

Eine hilfreiche Formel

Im Ringkampf mit Dominanz und Rebellion ("Du mußt! - Ich will aber nicht!"), den ich auch nach diesem Abend immer noch irgendwie zu führen hatte, wurde mir eine kurze, griffige Formel schließlich zu einer ganz praktischen Hilfe gegen den "Berg" an Hausarbeit, wenn er sich wieder auftat und höhnte: "Du bewältigst mich nie!"

Bodo hatte mir beigebracht, den Bus zu fahren. Bis dahin hatte ich mich nur mit Automatikwagen ausgekannt. Es war also zweierlei zu lernen gewesen, einerseits mit diesem großen Bus umzugehen und andererseits zu schalten. Weil ich beides nicht gewohnt war, saß ich immer noch voller Anspannung hinter dem Steuer.

Bei einer solchen Gelegenheit schien mich Gott, dessen leise Stimme meistens mit mir war, zu fragen: "Was machst du eigentlich?" Ich dachte nach und antwortete: "Ich will den Bus in Bewegung bringen." Ein leiser, freundlicher Impuls wies mich darauf hin: "Du brauchst nur zu schalten. Du mußt den Bus nicht schieben. Warum strengst du dich so an?" - "Schalten, nicht schieben", wiederholte ich. Eine kleine innere Haltungsänderung - und siehe da, es ging. Ich fuhr entspannt und ohne Angst.

"Schalten, nicht schieben", wurde nun auch im Haushalt zu einer Formel für mich, die mir half, anzufassen, was gerade angefaßt werden mußte, statt mich stark zu machen mit Kaffee und mit Dominanz, um

den ganzen "Berg" zu schieben. Ich griff zur Zucker-
dose, stellte sie in den Schrank, hing die Topflappen
auf, leerte den Abfalleimer und sagte mir: "Schalten,
nicht schieben, eins nach dem anderen."

"Schalten, nicht schieben" wurde zur handlichen
Formel für mich, die jeweilige tatsächliche Zuständig-
keit zu übernehmen, das zumindest endlich zu lernen,
zu tun, was nahelag, aber nicht den ganzen Berg auf
einmal bewältigen zu wollen. Wenn der erste Schritt
geschafft war, wurden die nächsten Schritte leichter,
bis ich schließlich, wenn ich nicht aufgab, zur Freude
an der Arbeit durchbrach und mich erstaunt fragte:
Was war eigentlich das Problem gewesen? Da war kein
Problem mehr.

Die Bereitschaft, das, was in meiner Verantwortung
lag, mit Sorgfalt zu tun, so gut ich es konnte, und
andererseits dominantes, überverantwortliches Verhalten schlossen einander aus. Dominanz rutschte sozusagen ab an der Bereitschaft, meine Pflicht in Liebe
zu tun, wenn ich zu dieser Bereitschaft fähig war.

Grundsätzliches

So viel sah ich jetzt, es kam bei dem, was ich zu lernen hatte, offenbar darauf an, drei grundlegende Fehler zu vermeiden:

Zurückzufinden in die Freiheit, wenn ich sie aus mir unerfindlichen Gründen wieder verloren hatte, gelang d a n n nicht, wenn ich mich gegen meinen Willen zur Einwilligung in die anstehenden Arbeiten z w a n g . Nur wenn ich wirklich in sie einwilligte, war ich innerlich frei.

War es mir, wenn ich es richtig anstellte, gelungen, diese Herzenseinwilligung Gott und dem Leben gegenüber zu finden, dann kam es (zweitens) darauf an, sie auch auszunutzen und möglichst ohne zu zögern zu tun, was zu tun war, und mich vor Passivität, sprich Faulheit, ebenso zu hüten. Wenn ich nicht ausnutzte, was ich wollen konnte, überfiel mich die Depression auch. Es war, als ob sie einbrach in den Möglichkeitsraum, den ich nicht nutzte.

Die dritte Falle ergab sich aus einer falschen Reihenfolge. Wenn ich nicht erst die Haltung vertrauensvoller Gottergebenheit fand, in der ich mich unter die Gegebenheiten meines Lebens, wie sie gerade waren, unterzuordnen bereit war, sondern gleich und automatisch loslegte, um zu arbeiten, dann blieb ich auch auf der Strecke. Ein zu starker innerer Widerstand, für den meine Kraft nicht reichte, stellte sich mir dann entgegen. Es kam also darauf an, e r s t aus der Dominanz und d a n n aus der Rebellion herauszufinden, und nicht umgekehrt.

In der Schrift fand ich den Namen für den Zustand, in den ich, wenn das gelang, durchbrach und in dem mir alles leicht fiel. Er hieß: "IN IHM."

"Bleibt in mir, und ich in euch. Wie die Rebe keine Frucht bringen kann aus sich selbst, wenn sie nicht am Weinstock bleibt, so auch ihr nicht, wenn ihr nicht in mir bleibt. Ich bin der Weinstock, ihr seid die Reben. Wer in mir bleibt und ich in ihm, der bringt viel Frucht; denn ohne mich könnt ihr nichts tun."

(Joh.15,4-5)

Das freie Zusammenspiel
von Wille und Gewissen

Aus dem Frühjahr wurde wieder Sommer, aus dem Sommer wieder Winter und aus dem Winter wieder Sommer, der fünfte nach Florians Geburt. Ich konnte in der Regel tun, was zu tun war, ohne mich besonders überwinden zu müssen. Vieles geschah schon wirklich aus Liebe und Freude und mit dem entsprechenden Geschick. Manchmal brach die Harmonie auch noch zusammen. Dann nahm ich mir Zeit, um zu erspüren, wie das geschehen war.

Meist hatte ich (mir selbst oder jemand anderem) automatisch etwas übelgenommen, häufig entweder dominantes, zwingendes, einschüchterndes Verhalten oder aber Passivität, Faulheit, einfach die Frechheit, sich zu drücken, also Rebellion. Ganz gleich, wem ich Dominanz oder Rebellion übelnahm (mir selbst oder anderen), es brachte mich in genau die Unfreiheit, die ich so haßte. - War das ein Prinzip? Nahm man die "Übel" per Übelnehmen in sich auf? Sobald mir bewußt wurde, daß es mir nur deshalb schlecht ging, weil ich etwas Bestimmtes übelgenommen hatte, konnte ich mir überlegen, ob ich weiterhin übelnehmen oder verzeihen wollte. - Die inneren Kämpfe waren damit nicht beendet. Aber ich war ihnen nicht mehr so ausgeliefert. Ich konnte mich in ihnen immer schneller orientieren und durch sie hindurchfinden.

Ich kehrte dabei, so kam es mir vor, aus einer engen Sackgasse allmählich um, während ich im Zickzack -

mich entweder dominant zwingend oder rebellisch verweigernd - mit dem Kopf mal gegen die eine, mal gegen die andere Wand anschlug. Gott sei dank verlor ich den Ausweg, oder zumindest die Hoffnung auf ihn, dabei nie aus den Augen. Er bestand darin, schließlich in bezug auf meine Pflichten wollen zu können, was ich sollte, und mir andererseits an Freiheit und Freizeit gönnen zu können, was ich brauchte. So wie ich mein mit Gott verbundenes Gewissen einerseits und meine wirkliche Willensfreiheit andererseits wieder zu gebrauchen lernte, wurde ich frei von den Automatismen eines Pseudogewissens (Dominanz) und einer Pseudowillensfreiheit (Rebellion). Sie waren Karikatur des Echten. Ich konnte auf sie verzichten und sie einstufen als das, was sie in meinem Leben gewesen waren: Das Ober- und Untergebiß des brüllenden Löwen, der versucht hatte, mich zu verschlingen. Außerhalb seines Mauls war die herrlichste Freiheit. Wille und Gewissen arbeiteten in einem feinen, freien Miteinander Hand in Hand. Druck und Gegendruck waren aus mir verschwunden.

Ich dachte, meine Geschichte sei zu Ende, aber da irrte ich mich.

Eine neue Berufung

Parallel zu meinen i n n e r e n Erfahrungen hatten sich inzwischen auch die ä u ß e r e n Gegebenheiten verändert. Die Kinder waren älter geworden und brauchten mich nicht mehr so viel. Daniel ging schon zur Schule. Im Gebetskreis gab es herzliche Kontakte, Teambesprechungen und Seelsorgeaufgaben. Gerade wollte ich mich so recht von Herzen für den Rest meines Lebens in meinen gegebenen Umständen häuslich einrichten, da änderten sie sich radikal.

An Bodos Arbeitsplatz kriselte es in finanzieller Hinsicht. Es war nicht sicher, ob die psychologische Beratungsstelle, in der er beschäftigt war, weiterhin bestehen bleiben konnte. Als zu den finanziellen Problemen an Bodos Arbeitsplatz auch noch massive persönliche hinzukamen, begann ich für unsere Zukunft zu beten und vor Gott zu fragen, wie es mit uns weitergehen sollte.

In diesem Gebet bekam ich einen bestimmten Eindruck. Vor meinem inneren Auge erschien eine mir bekannte Adressenliste von christlichen Rehabilitationszentren. Nachdem ich in meinen Unterlagen diese Liste gefunden hatte und die einzelnen Adressen durchschaute, stieß ich auf eine Freiburger Anschrift, die mir durch einen früheren Kontakt bereits vertraut war. Dorthin wandte ich mich, um zu erfahren, ob eins der Häuser vielleicht ein Leiterehepaar suchte.

Von Freiburg aus schrieb man uns postwendend zurück, daß man für die dortige "Teen-Challenge"-Arbeit tatsächlich gerade neue Leiter brauchte. Dem Brief lagen Fotos bei von Freiburg und Umgebung und dem 1870 erbauten alten Bauernhof, in dem diese christliche Sozialarbeit untergebracht war.

"Teen-Challenge", zu deutsch "Herausforderung der Jugend", ist eine auf internationaler Ebene lose organisierte private Initiative, um ehemaligen Drogensüchtigen auf der Grundlage des Glaubens zu helfen. "Teen Challenge" hatte in meinen Ohren einen guten Klang, und ich empfand es als eine Ehre für uns, wenn Gott uns in diese Arbeit berufen würde. Ein Buch über die Entstehung von "Teen-Challenge" (David Wilkerson, Das Kreuz und die Messerhelden, Erzhausen 1991), hatte für mich eine besondere Rolle gespielt, als ich zum Glauben gekommen war.

Auch Bodo fand die Aussicht, möglicherweise für Teen Challenge zu arbeiten, ganz abenteuerlich. Und so fuhr er mit mir und den Kindern zur Kontaktaufnahme nach Freiburg.

Es war ein warmer Tag, als wir zum ersten Mal den Hof betraten. Gäste gingen ein und aus. Unter den Mitarbeitern herrschten Vertrautheit und Lachen und Austausch in dieser einerseits ernsthaften, andererseits unbekümmerten Art, die ich bereits von Christen her kannte, die ganz aus dem Glauben leben.

Die Verhandlungen, die wir führten, bestanden hauptsächlich in gemeinsamem Gebet. Wir wurden uns mit dem bisherigen Leiterehepaar ziemlich schnell einig und nahmen das Angebot an. Der Umzug sollte dann einige Monate später, kurz vor Weihnachten, stattfinden.

Umzug nach Freiburg

Für Bodo schien sich ein Traum zu erfüllen. Er sollte neben der allgemeinen Leitung des Hauses auch für einen Garten und für ein kleines Stück Acker zuständig sein, etwas, was er sich schon immer gewünscht hatte. Demgegenüber mischte sich in meine Begeisterung für die neue Arbeit Angst. In Freiburg wartete möglicherweise wieder genau das auf mich, was ich am meisten fürchtete: Hausarbeit. Diesmal nicht nur im Zusammenhang mit eigenen Kindern, sondern zusätzlich mit fremden, psychisch kranken, womöglich schwer zu leitenden Jugendlichen. Putzen, kochen, aufräumen, zur Verfügung stehen, - sollte es eigentlich nie ein Ende haben? Genau das Gegenteil von dem, was ich immer gewollt hatte: endlich in Ruhe gelassen zu werden, endlich zu erleben, daß niemand an mir zerrte, endlich freie Zeit für mich selbst zu haben.

Ein paar Wochen lang kämpfte es in mir. Dann sah ich die Möglichkeit, in diesem Dienst auf eine noch tiefere und endgültigere Weise selbst frei zu werden. Eine solche Aussicht war für mich attraktiv und machte mir wieder Mut.

Für unsere Wohnung in Meerbusch fanden sich Nachmieter, die unsere Möbel und, als Gegenleistung, auch die fällige Renovierung übernahmen. So ging der Umzug von Meerbusch nach Freiburg wider Erwarten problemlos vonstatten.

Die Arbeit in Freiburg lief sehr langsam an. Wir sollten uns in dem neuen Rahmen erst einmal aufeinander einstellen. Drei Personen: eine junge Frau, die für die Hauswirtschaft zuständig war, Bodo und ich.

Einer unserer ersten Gäste war Vince, ein amerikanischer Priester, der für etwa zwei Monate bei uns Station machte. Nach und nach kamen andere Gäste hinzu, junge Leute, für die das Haus eigentlich gedacht war. Eine Hausordnung wurde nötig, unter die wir uns alle fügten. Feste Strukturen taten nicht nur den Gästen wohl, sondern auch uns. Arbeit in Haus und Garten, Gruppen- und Einzeltherapie mit den Gästen, gemeinsame Mahlzeiten und Ausflüge wechselten miteinander ab. Huberts Bus kam uns jetzt sehr zugute. Daß er ihn uns gegeben hatte, noch bevor jemand wußte, daß wir nach Freiburg umziehen und in eine solche Arbeit einsteigen würden, war für mich eines der vielen Zeichen dafür, wie nah uns Gott war. Das war das Beste, zu wissen, daß Gott real da war, seine Kompetenz, seine Autorität über uns zu wissen und nicht allein zu sein in den Anforderungen, denen wir uns gegenübergestellt sahen.

Wir entschieden uns, nicht mit ehemaligen Drogenabhängigen, sondern mit psychisch Kranken zu arbeiten und darüber hinaus für ambulante Seelsorge und Therapie zur Verfügung zu stehen.

In den zwei Jahren Teen-Challenge-Arbeit, die dann folgten, haben 31 Menschen für kürzere oder längere Zeit bei uns gewohnt, und 52 Personen sind zur ambulanten Seelsorge gekommen. Es war niemand dabei, der nicht **auch** oder sogar **vorwiegend** Druckprobleme gehabt hätte in dem Sinne, daß sein Leben beeinträchtigt war durch etwas, was er zu müssen, aber nicht zu schaffen glaubte.

Erneute Herausforderungen

Während unserer Eingewöhnungszeit, die einerseits spannend und mit Neuem erfüllt war, andererseits alles andere als leicht, kam es öfter vor, daß ich Bodo kurz und scharf kritisierte. Ich wollte, daß wir die Erwartungen, die man an uns hatte, keinesfalls enttäuschten. Damit war ich voll im alten Fahrwasser. Der innere "Antreiber" trat in Funktion und sorgte wieder für Druck.

Im Gegensatz zu mir hatte Bodo in überfordernden Situationen eine zögernde Art, die mich zur Verzweiflung trieb. Je mehr ich auf sein Zögern mit Antreiben reagierte, um so schwerer machte ich es ihm, es zu überwinden. Umgekehrt galt das Gleiche. Es stellte sich heraus, daß wir sehr unterschiedliche Vorstellungen davon hatten, wie die neue Aufgabe anzufassen sei. Ich hielt meine für die richtigen und machte ihm Druck.

Wenn Frauen im Haus waren, die Bodo gegenüber achtungsvoll und untergeordnet reagierten, während ich - wieder im alten Fahrwasser - dominant auftrat, stand meine Sicherheit, von Bodo geliebt zu werden, auf schwachen Füßen, weil ich mich selbst kaum lieben konnte. Eifersucht, die meiner Meinung nach bewältigt und tatsächlich seit fünf Jahren zwischen Bodo und mir kein Thema mehr gewesen war, erstand in meinen Gefühlen und Gedanken neu auf und brachte mich in eine Zwickmühle: Schloß ich mich bei der Arbeit in Haus und Garten an Bodo an, um ihm zu helfen, dann fühlte ich mich wieder unter Druck. War ich nicht dabei, sondern tat meine psychologische Arbeit, die mir mehr lag, dann fühlte ich mich aus der Gemeinschaft mit Bodo wie ausgeschlossen und kämpfte mit eifersüchtigen Gedanken.

Hatte ich in diesem Haus, so dachte ich, denn nur die Wahl zwischen dem Gefühl, mich gezwungen und unter Druck oder aber ausgeschlossen zu fühlen? Beides wollte ich nicht. Je mehr ich jedoch dagegen anging, um so rascher eskalierten Haß und Wut bis zur Verzweiflung. Das ging so weit, daß ich zu Beginn unserer Arbeit nahe daran war, aus diesem Konflikt wegzulaufen, einfach wegzugehen. - Meine inneren Feinde waren sämtlich wieder auf dem Plan. Ich schämte mich dessen und konnte es doch nicht ändern.

Tröstlich war dabei, daß die Gäste, die bei uns wohnten, spürten, daß ich verstand, wovon sie sprachen, wenn sie über ähnliche Konflikte klagten.

Unsere Gäste

Ob der Glaube an Jesus Christus unseren Gästen zusätzlich frommen Druck machte oder vom Druck Erleichterung brachte, hing davon ab, ob es uns gelang, die frohe Botschaft von der Gnade so mitzuteilen, daß sie richtig verstanden wurde. Wer sich von Gott angenommen und geliebt wußte, der konnte leben und sich dem Leben stellen. Wer sich dessen nicht gewiß war, wollte leisten, um geliebt zu werden. Aber damit kam er unter Druck.

Während allerorts, wohin man auch sah, der emanzipatorische Ausweg probiert und zu einer Befreiung von gesellschaftlichen und religiösen Normen ermutigt wurde, um das allgemein verbreitete Problem des Druckes zu lösen, war für unsere Arbeit vor allem die Frage interessant, wie es geschehen konnte, daß der zündende Funke des Glaubens übersprang.

Ein absurdes Beispiel dafür, wie sehr aber auch der Glaube zum Druck werden konnte, war Claudia.

Claudia, 22 Jahre alt, gestand uns, daß sie sich für verloren hielt. Sie würde in die Hölle kommen und später dann in den "Feuersee" geworfen werden. - Warum? - Sie habe gesündigt. - Wieso vergibt ihr Gott nicht? - Nein, er vergebe ihr nicht, das wisse sie. - Merkwürdig, sie sah dabei so zufrieden aus. Wieso siehst du dabei so zufrieden aus? - Claudia (lachend): Vielleicht deshalb, weil jetzt in mir wenigstens Ruhe ist. - Was war denn vorher? - Furchtbarer Streß: "Du mußt es schaffen, aber du schaffst es doch nicht!" -

Was schaffen, Claudia? - Alles, das Leben!

Mit einem anderen jungen Mädchen kamen wir nur telefonisch in Verbindung. Sie sagte: "Genau weiß ich es auch nicht, was mein Problem ist. Aber ich kann nicht mehr leben. Vor drei Wochen habe ich einen Selbstmordversuch gemacht. Ich weiß nicht weiter. Da ist kein Hoffnungsschimmer. Was ich spüre, ist nur Druck und Last. Was ich auch anfange, es wird alles immer nur schlimmer". - Wir boten an: "Möchtest du eine Woche mit uns leben? Dann könnten wir uns kennenlernen und danach weitersehen?" Ihre zögernde Antwort lautete:"Ich weiß nicht recht. Dieses Angebot setzt mich auch wieder unter Druck."

Für ein knappes halbes Jahr wohnte Norbert bei uns, ein stiller, etwas verschlossener, intelligenter junger Mann, den unsere Kinder wie einen Bruder liebten. Er war im Anschluß an eine Psychose von der Klinik direkt in unser Haus gekommen. Norbert wurde bei uns nach und nach immer unruhiger. Er sagte, die Zeit ginge dahin. Er müsse eigentlich täglich eine Stunde lang Klavier spielen, außerdem in einen Turnverein gehen und sich auch gesünder, als es bei uns der Fall sei, ernähren. Zu all dem könne er sich aber nicht aufraffen.

Befragt, wer denn sage, daß er das alles müsse, war er nahe daran, sich wieder zu verschließen, weil wir seine Selbstverständlichkeiten nicht teilten. Gefragt, wo im Körper er denn spüre, daß es ihm nicht gut gehe, deutete er auf die Brust. D a säßen Druck und Schmerz.

Je mehr er sich zu dem, was er zu müssen glaubte, aber nicht wollen konnte, zu zwingen versuchte, umso stärker wurden der Druck und der Schmerz, nicht leben und nicht frei sein zu dürfen. Die Sehnsucht nach einem normalen, unkomplizierten Leben ohne Druck war groß.

Was ich Norbert auch vorschlug, er wandelte es um in Vorschriften, gegen die er sich dann gleichzeitig innerlich wehrte. Was als Anregung gemeint war, wurde zu neuem Druck.

In allen Fällen war mein Schrei zu Gott hin: "Herr, was ist mit uns los, wie können wir denn leben!?" Das einzige, was mir daraufhin einfiel, war, wieder bewußter auf das zu achten, was mit mir selbst los war. Davon versprach ich mir nicht nur, selbst noch endgültiger frei zu werden, sondern auch mitzubekommen, w i e es im einzelnen geschah.

Diese erneute Bereitschaft, mich mir selbst zu stellen, war dann der Anfang einer ganzen Kette dramatischer und gleichzeitig überaus wohltuender Befreiungserfahrungen.

Dramatische Befreiungserfahrungen

An einem dieser Wintertage - Bodo war außer Haus, die Kinder schliefen - freute ich mich auf einen ruhigen Abend. Als ich es mir gerade gemütlich gemacht hatte (im Ofen verbrannte prasselnd Holz), klingelte das Telefon.

Am anderen Ende sprach eine Frau. Die Stimme war dünn und leise. Alles, was sie erzählte, klang sehr schlimm. Ein Appell zu helfen, der aber in mir kein Mitgefühl auslöste, sondern Ärger.

Ich fühlte mich gestört, wieder als Rund-um-die-Uhr-Zuständige. Ich sah auch nicht, wie ich jetzt in der Nacht hätte helfen sollen und wurde gereizt. Es kostete mich Anstrengung, das zu verbergen.

Als ich den Hörer aufgelegt hatte, gab ich unter Tränen vor Gott zu, kein Herz zu haben für diese Frau und ihre Not. Ich stellte infrage, ob ich am rechten Platz war.

Wie meist, wenn sich vor Gott Wut und Verzweiflung in Tränen auflösten, ging es mir danach besser. Noch im Gebet machte ich eine überraschende Erfahrung. Im Gesicht, hinter meiner Mimik, spürte ich den bösen, verkniffenen Ausdruck der Unzufriedenheit als etwas, was nicht zu mir gehörte. Ich nahm über ein inneres Sehen und Fühlen Unzufriedenheit als etwas von mir Verschiedenes wahr, einen Geist der Unzufriedenheit, wie ich annahm.

Ich hielt ganz still und fragte Gott in einer mit einem Mal fast heiteren Stimmung, wie ich denn jetzt damit umgehen solle.

In einem flüchtigen inneren Eindruck sah ich mich darauf in einer ganz bestimmten Demutshaltung: kniend, und den Kopf so zur Erde gebeugt, daß die Stirn den Boden berührte. Ich nahm diesen Eindruck ernst und beugte mich auf diese Weise nieder. Währenddessen bat ich auf eine wortlose Art Gott um Befreiung. Da verschwand dieser Fremdkörper aus meinem Gesicht, das plötzlich frei war - und blieb.

Als ich Gott für diese Befreiung dankte, hatte ich mit einem Mal auch die Gewißheit, daß Gott mit mir zufrieden war, was mich zu Tränen ergriff.

Danach sah ich, wie der Konflikt, der mich in Zwiespalt und Unzufriedenheit gebracht hatte, beschaffen war. Er bestand darin, daß für mich nicht beides gleichzeitig möglich war: "Gut sein" und "es gut haben". Als ich sah, daß dies der Anlaß für eine solch massive Unzufriedenheit gewesen war, mußte ich fast lachen.

Noch einmal Stolz

Jedem Gedanken, der mich in mehr Freiheit zu führen versprach, ging ich nach. Ich wollte nicht versäumen, aus mir auszuräumen, was gerade so schön locker wurde. Es war, wie wenn harte, große, häßliche Eisbrocken in einem Hinterhof, in dem es kaum Sonne gibt, eines Wärmeeinbruchs wegen zu tauen beginnen und man die Möglichkeit bekommt, sie schnell wegzuräumen, bevor sie wieder festfrieren.

Mir war schon länger aufgefallen, daß ich enorme Unterschiede machte in der Bewertung von Menschen. Die einen achtete ich. Ihnen wollte ich gefallen. Für sie hatte ich auch Zeit. Von anderen fühlte ich mich nur belästigt. Als ich in einer stillen Stunde diese Haltung vor Gott zugab und ihn dafür um Vergebung bat, wurde mir das Maß von Ruhmsucht bewußt, das in meinem Leben zu herrschen schien. Ich bat Gott um Vergebung für allen Stolz und alle Angeberei, die mir im Zusammenhang damit vor Augen war.

Einen Tag später, noch unter dem Eindruck dieser Thematik, fiel mir bei einem Spaziergang ein, daß ich als Kind in der Schule übermäßig ehrgeizig gewesen war, daß meine Mutter und mein Lehrer mich oft gelobt hatten und daß ich auf dieses Lob ziemlich versessen gewesen war. Ich betete: "Herr, vergib mir bitte, ich weiß, ich war geradezu 'geil' nach Lob." - Bei dem Wort 'geil' rührte sich etwas in mir. Ich spürte Übelkeit und befahl im Namen Jesu dem Geist der Ruhmsucht, von dessen Anwesenheit ich plötzlich überzeugt war und den ich hinter diesem Übelkeitsimpuls vermutete, aus mir zu weichen.

Als sich nichts rührte, führte ich mein Bekenntnis vor Gott genauer aus und ging in die Zeit zurück, um die es ging. Ich bat in Gedanken die Klassenkameraden um Vergebung, daß es mir so wichtig gewesen war, sie zu übertrumpfen und überlegte, ob sich noch etwas wiedergutmachen ließe.

Während ich diesen ganzen Bereich vor Gott durchspürte und mit ihm durchsprach, wurde ich warm und angenehm von seiner vergebenden Liebe erfüllt. Jedesmal jedoch, wenn ich die Vokabel "geil nach Ruhm" gebrauchte, ich konnte regelrecht damit experimentieren, kam dieser Drang zu erbrechen. "Interessant", dachte ich. Aus Berichten über geistliche Befreiungserfahrungen wußte ich, daß es in einem solchen Fall typisch war, auch dann, wenn sich gerade etwas ganz anderes im Magen befand, Schleim zu erbrechen. Und so geschah es dann auch. Obgleich ich kurz zuvor einen Apfel gegessen hatte, erbrach ich etwas Schleim und war frei.

Ein leiser Zweifel, ob ich mir hinsichtlich meiner Befreiung auch nichts vorgemacht hatte, verschwand, als ich in den Wochen danach merkte, daß eine bestimmte Art von Unruhe aus meinem Leben verschwunden war. Ich war auf einmal in der Lage, ohne Angst oder Aufregung vor größeren Gruppen von Menschen zu sprechen. Auch als man mich einmal wieder auslud, obwohl ich mich vorbereitet hatte, war da kein Ärger und keine Enttäuschung. Oder wenn ich jetzt in eine bestimmte Schreibarbeit vertieft an der Maschine saß, dann war es mir - wenn es nötig war -

möglich, auf die Kinder einzugehen, alles augenblicklich stehen und liegen zu lassen, ohne dabei die gute
Laune zu verlieren. Hinzu kam eine bestimmte Wach-
samkeit für selbstgefällige Gedanken. Ich konnte jetzt
wählen, ob ich mich ihnen überlassen wollte oder
nicht. Vorher hatte ich es kaum wahrgenommen, daß
ich mich ihnen schon längst überlassen hatte.

Noch einmal Neid

Einige Zeit später stand ich an einem Vormittag in der Küche am Herd. Abends sollte für eine junge Frau, die drei Monate bei uns gewohnt hatte, ein Abschiedsfest gefeiert werden, zu dem wir Gäste von außerhalb eingeladen hatten. Unsere Hauswirtschafterin war nicht da, sie hatte frei. Die junge Frau, um die es ging, war im Bett geblieben mit dem Argument, es ginge ihr nicht gut. Bodo fühlte sich nicht zuständig und saß ausgerechnet in dem Moment über einem Buch der Kinder, das ihn zu faszinieren schien, als ich dachte, daß die Arbeit für mich allein doch nicht zu schaffen war. Weil ich ihn nicht freundlich, sondern gereizt angesprochen hatte, bekam ich von ihm eine Absage. Nein, er helfe mir jetzt nicht.

Verzweifelt und empört blickte ich mich in der Küche um. Vor meinem inneren Auge lief ein Film von der Arbeit ab, die zu tun war, und die auf mir allein lastete. Fragend vor Gott hielt ich diesem Film stand und nahm wahr, was er in mir auslöste: Wellen von Wut und Haß. Während ich die inneren Turbulenzen einfach nur wahrnahm und auszuhalten bereit war (weil ich schon vermutete, daß sie sich, wenn es mir gelang, gleichzeitig im Hören auf Gott zu bleiben, auflösen würden), war es plötzlich, als ob ohne mein Zutun in meiner Vorstellung alle bereits erlebten, nicht verarbeiteten ähnlichen Situationen von Überforderung meines ganzen Lebens wie ein Film, den man mit Übergeschwindigkeit ablaufen ließ, vorbeieilten. Dieser Eindruck wurde von Körpergefühlen begleitet, die
80

mich an Prügel erinnerten. Eine Zeitlang, ich weiß nicht, ob es sich umSekunden oder Minuten handelte, war es, als würde ich im Nacken und die ganze Wirbelsäule entlang wie mit einem Knüppel verprügelt. Dann hatte mich der Spuk verlassen, und ich war frei und sogar heiterer Stimmung.

Das Fest vorzubereiten war danach kein Problem mehr. Es wurde ein wirkliches Fest, bei dem sich eine ansteckende, wohltuende, geradezu übernatürliche Heiterkeit unter uns ausbreitete. Wir lachten wie schon lange nicht mehr. Wir tanzten und spielten und bedienten uns dabei einer schier unerschöpflichen Quelle von Einfällen.

Ich freute mich besonders über die erneute Bestätigung, daß uns die Quälgeister freigeben müssen, wenn wir aufhören, uns von den scheinbar unerträglichen Vorstellungen, mit denen sie uns reizen, allzu sehr beeindrucken zu lassen, wenn wir einfach nur stillhalten und auf das warten, was von Gott her an Hilfe kommt.

Die Bitterkeit, immer diejenige zu sein, die arbeiten mußte, während andere tun durften, was s i e wollten, die bis dahin immer mehr oder weniger qualvoll in mir am Werk gewesen war, verlor im Anschluß an dieses Erlebnis deutlich an Macht. Es wurde für mich leichter, unsere Kinder oder auch die Gäste auf eine freundliche Weise zur Arbeit anzuleiten, statt im geheimen an ihrer (wirklichen oder nur unterstellten) Faulheit zu verzweifeln.

Die rebellischen Gelübde
meiner Kindheit

Bei meiner neuen Aufgabe hatte ich jetzt täglich Gelegenheit, entweder eine wirkliche Herzenseinwilligung gegenüber meinen Pflichten zu vollziehen oder, wenn das nicht gelang, meinen Unwillen vor Gott zuzugeben und ihn dafür um Erlösung zu bitten.

So viel war ja schon in Meerbusch klar gewesen: Der Krieg in der eigenen Person war sofort beendet, wenn ich in das, was gerade zu tun war, einwilligte und es einfach tat. Dabei war aber "einwilligen" etwas anderes als "einwilligen müssen", ja es war das Gegenteil. Denn wenn es nötig war, mich mit einem "Du mußt" zu zwingen, dann wollte ich das, wozu ich mich zwang, in Wirklichkeit ja nicht.

Viel geschickter als mich zu zwingen war es dann, mir meine Unwilligkeit einzugestehen. Sie war ja eine Tatsache. Indem ich mich zu dieser Tatsache stellte, bestand jedesmal die Chance, die Verweigerung, die im Kern immer eine ganz spezifische war, ihrem Inhalt nach zu verstehen.

Wenn das gelang, stieß ich auf Sätze, auf die ich mich offenbar schon seit meiner Kindheit festgeschworen hatte, zum Beispiel: "Wenn ihr mich im Stich laßt und mir nicht helft, dann könnt ihr sehen, wer euch den Dreck wegmacht!" - Oder: "Erst will ich selber h a b e n (was ich brauche), bevor ich anderen g e b e (was sie brauchen)." Oder: (verständlich aber doch blockierend): "Eine Arbeit, der ich mich nicht gewachsen fühle, und die dann nie ein Ende nimmt, fasse ich erst gar nicht an." - Oder (drastisch und hochmütig): "In einem Saustall wie diesem rühre ich keinen Finger!" - Und schließlich (wirklich tödlich): "Ich tu nur, was ich muß. Freiwillig tu ich nichts!"

Solche, vor langer Zeit getroffene und auf kindlicher Verzweiflung basierende Schwüre, stellten wegen ihrer Absolutheit granitharte, hochwirksame (und gleichzeitig über lange Zeit kaum bewußte) rebellische Blockaden dar. Weil diese Blockaden für mein Leben so außerordentlich hinderlich waren, fühlte ich mich jetzt glücklich, wenn ich sie in ihrem Inhalt klar zu fassen bekam und dann endlich widerrufen konnte. Es gelang allerdings selten auf Anhieb, an solchen wunden Punkten meines Charakters das Ruder herumzuwerfen. Aber wenn ich dranblieb, dann gelang es doch immer besser. Irgendwann war der Bann einer solchen angstvoll-rebellischen Festlegung endgültig gebrochen, und ich konnte in Freiheit eine Wahl treffen, wo vorher eine automatische Verweigerung im Sinne von "So nicht!" geherrscht hatte.- Auf diese Weise gewann ich langsam, aber stetig, Lebensräume zurück, in denen ich mich in nie gekannter Freiheit bewegen und wo ich einfallsreich und kreativ sein konnte. Ein solcher Bereich, den ich dem Trotz und der Angst abgewinnen konnte, war das Kochen. Ich kochte schließlich nicht nur gern, sondern was ich kochte, schmeckte auch. Ich erfand mit kindlicher Freude Kochrezepte, die hin und wieder so viel Anklang fanden, daß Gäste Kopien von den Rezepten mit nach Hause nehmen wollten. Wer mich kannte, wußte, daß dies kein geringer Heilungserfolg meines großen Therapeuten im Himmel war.

Noch einmal Dominanz

Es gab mir zu denken, daß ich an meinem freien Tag, an dem wir eigentlich nicht arbeiten sollten, am besten arbeiten konnte. Wie an keinem anderen Tag ging mir nun die Arbeit von der Hand: flink, willig, gern, konzentriert konnte ich plötzlich aufräumen, aufgeschobene Briefe schreiben, Telefonate führen, für die mir die Nummer fehlte, die dann erst noch besorgt werden mußte, und so weiter.

Das zeigte mir, daß ich gern arbeitete, daß ich nicht (oder zumindest nicht mehr) faul war, daß ich lediglich die Reglementierung übelnahm, die im "Muß" lag. - Aber wo war denn ein "Muß"? Ich war doch nicht in dieser Einrichtung, weil ich das mußte, sondern weil ich es wollte!

Annelie, eine verständige Frau, die für ein paar Tage bei uns wohnte, sagte dazu: "Es kann dich niemand zwingen. Zu nichts! Du bestimmst selbst, was du tust oder läßt." In ihrem Ton war eine Sicherheit, die mir zeigte, daß sie glaubte, was sie sagte. Sie wiederholte: "Niemand!" Und sah mich dabei fest an.

Während ich ihr zuhörte, kam eine große Entschiedenheit über mich, den antreibenden Teil meiner Person endgültig von mir zu weisen, diese drohende, zwingende, gängelnde Art, die ich schon als Kind an mir gehabt hatte und die ich auch von meiner - sonst liebevollen - Mutter und auch schon von deren Mutter her kannte.

Annelie stellte, um mir ein Gegenüber zu schaffen,

der Einfachheit halber einen Stuhl in die Mitte des Raumes. Dann empfahl sie mir, meine Gefühle in Worte zu bringen, mir einfach vorzustellen, dieser übereifrige, bedrängende Teil meiner Person säße jetzt auf diesem Stuhl.

Nicht ohne Aufregung, aber mit zunehmend festerer Stimme, kam ich ihrer Anregung nach und stellte klar: "Ich bin nicht faul. Du kommst dem, was ich tun will, nur immer zuvor. Du läßt mir keine Zeit herauszufinden, was ich will und auf welche Weise ich es will." Sehr entschieden verbat ich mir weitere Einmischung. Das letzte Wort war: "Verschwinde! Ich brauche dich nicht!"

Dies Geschehen empfand ich so, als ob sich mein wirkliches Selbst endlich gegenüber dem Antreiberteil meiner Person durchgesetzt hätte. Es kam mir so vor, wie wenn ein Käfer lange auf dem Rücken gelegen hätte und nun endlich auf die Beine gekommen wäre, fest entschlossen, sich nicht mehr umstoßen zu lassen.

Wenn ich mich nachträglich frage, seit wann ich mit dieser selbstverständlichen Leichtigkeit, die mir schließlich möglich wurde, zu mir selber stehe, zu dem, was ich bin und will, seit wann ich mich damit anderen zuzumuten wage, dann ist die Antwort: Seit dieser Stunde.

Es war, als ob ich an diesem Vormittag das Motto meines Lebens gewechselt hätte. So, wie ich vorher gut sein "mußte", durfte ich ab jetzt die sein, die ich wirklich war.

Brutalität

Ein Ereignis, von dem ich nicht mehr weiß, ob es vor oder nach dieser Klarstellung meines "Herzens" gegenüber dem "Antreiber" stattfand, gehört noch in meine Geschichte hinein. Während ich es niederschreibe, ist es mir peinlich, und ich könnte weinen, wenn ich daran denke.

Frank, ein künstlerisch begabter junger Mann, der einige Monate bei uns wohnte, war seinem Paß nach Engländer und gleichzeitig - von Vaters Seite her - jüdischer Abstammung. Eines Tages warnte er uns, daß unter uns der Nazigeist noch umginge. Er beschwor uns geradezu, stellvertretend für die Naziverbrechen Buße zu tun und uns in einem Gebet von diesem Geist ausdrücklich zu distanzieren.

Während er das ausführte, kam ein Bild in meine Vorstellung: Ich sah einen großen Mann, der seinen Stiefel brutal auf einen anderen Mann stellte, der am Boden lag. Auf diese Weise hinderte er ihn daran, aufzustehen. Es war der Inbegriff von Unterdrückung, was ich da vor Augen hatte. - Ich schickte ein Stoßgebet zum Himmel: "Herr, was soll das bedeuten?"

Abends reizte mich unser Daniel, ein aufmerksames, sensibles Kind, mit etwas, was so geringfügig war, daß ich mich daran nicht mehr erinnern kann. In mir kam dasjenige Gefühl von hilflosem Zorn hoch, bei dem sich dominantes Verhalten als scheinbar einzige Reaktionsmöglichkeit wie selbstverständlich anbietet. Daniel forderte mich - wahrscheinlich ohne es selbst zu wollen und zu merken - weiter heraus. Wie von Sinnen schrie ich ihn plötzlich an und versuchte, ihn mit einer Drohgebärde einzuschüchtern. Als er auch darauf wieder in einer Weise reagierte, die meinen ohnmächtigen Zorn nur noch schürte, packte ich ihn, legte ihn auf den Boden, kniete mich über ihn und hielt ihn dort fest. Im selben Moment erinnerte ich mich an das Bild des Mannes mit dem Stiefel. Was ich da gerade tat, war nichts anderes als das, was ich einige Stunden zuvor in diesem inneren Bild gesehen hatte.

Erschrocken ließ ich von Daniel ab, wartete auf seine und meine Beruhigung und bat ihn dann, mir zu vergeben. Daniel war verwirrt, aber bereit, sich von mir in den Arm nehmen zu lassen. Danach nahm ich mir Zeit, um das zu tun, was Frank angeregt hatte, ich bat Gott um Vergebung für mein Verhalten und darüber hinaus für die Schuld unserer Väter und deren Führer. Ich stellte mich unter (nicht über) diese Schuld. Ich war ja, wie sich gezeigt hatte, nicht ausgenommen von der Gewohnheit, mich unter bestimmten Umständen der Hilfe dieses Geistes brutaler Gewalt zu bedienen. Ich betete: "Herr, vergib u n s ."

Ein Gefängnis mit zwei Trakten

Nach diesen Erlebnissen wurde der Grund meiner Seele für mich durchsichtig. Das Gesamte meiner nichtverarbeiteten Erinnerungen und Verletzungen glich einem Gefängnis, bei dem die einzelnen Zellen jetzt nicht mehr verschlossen waren, wo man in jede Zelle hineingehen, Fenster und Türen öffnen, Licht anschalten und putzen konnte, so daß das Gebäude nach und nach kein Gefängnis mehr war, sondern eher einem offenen, lichtdurchfluteten Haus mit vielen interessanten Zimmern glich.

Das Gebäude schien zwei Trakte zu haben. In dem einen Trakt waren solche Erinnerungen niedergelegt, in denen ich mich abgelehnt oder ausgeschlossen gefühlt hatte, und in dem anderen solche, in denen ich in meiner Freiheit beeinträchtigt, gezwungen und vereinnahmt worden war.

Eifersucht, im Grunde die Angst, abgelehnt oder ausgeschlossen zu sein, verschwand in der Freiburger Zeit irgendwann wieder völlig. Das Gefühl von Vereinnahmung, der Schmerz, eigentlich nicht frei zu sein, nicht leben zu dürfen, keine eigene Zeit zu haben, dieses Ressentiment: "Immer muß ich 'müssen', immer ich!" war das härtere und merkwürdigerweise immer noch nicht völlig gelöste Problem meines Lebens. Es mußte noch einen Haken bei der Sache geben, den ich nicht sah. Oder irrte ich mich vielleicht in der Erwartung, ganz frei werden zu dürfen?

Es konnte vorkommen, daß ich morgens fröhlich

wach wurde, aber dann, während ich den Tag überdachte, mit einem Schlag in Bedrückung kam. Eines
Tages zog ich an einem solchen Morgen Bilanz. Ich
dachte an all die Befreiungen, die ich schon erlebt
hatte. Jede einzelne war ein unschätzbares Geschenk
gewesen. Und jedesmal war ich mir sicher gewesen,
j e t z t frei zu sein. Aber immer wieder war dann
doch noch dieses schwer zu beschreibende, widerwär-
tige Druckgefühl aufgetreten.

In einem Gebet äußerte ich Gott gegenüber meine
Enttäuschung. Wieso war ich immer noch nicht endgültig frei? War meine Hoffnung auf völlige Befreiung
überhaupt realistisch? Oder war sie nur eine Illusion?

Beim Frühstück fragte ich Bodo nach seiner Meinung. Er wiegte den Kopf und wußte es nicht, schien
aber eher in die Richtung zu tendieren: "Ganz frei wird
man in diesem Leben nicht. Das ist ein zu hoher
Anspruch."

In einer ausgedehnten Mittagspause, die ich in der
Regel in den Weinbergen hinter unserem Haus verbrachte, um den Abstand zu gewinnen, den ich immer
wieder brauchte, flehte ich zu Gott: "Herr, mach mich
völlig frei! Tu es um Deinetwillen!" Ich dachte an die
Gebete des Volkes Gottes im Alten Testament: "Herr,
hilf uns um deines Namens willen, daß unsere Feinde
sehen, wir haben einen mächtigen Gott!"

Tagelang stand ich dann vor dieser prinzipiellen
Frage, ob es mir überhaupt zustand, ganz frei zu werden von den Druckgefühlen.

Als mir bewußt wurde, wie sehr es mich auf meinem
Weg aufhielt, keine Antwort auf diese Frage zu haben,
organisierte ich ein Treffen mit Britta, einer gläubigen

Kollegin, die mir schon öfter geholfen hatte, und von der ich wußte, daß sie für mich betete. Ihr legte ich meine Frage vor.

Britta nahm sich Zeit, überlegte und sagte dann: "Ich denke, du solltest nicht darüber grübeln, ob du ganz frei werden wirst oder nicht. Frag dich lieber etwas anderes. Sieh, Gott hat mit uns einen Bund geschlossen. Dieser Bund ist wie ein Ehebund gemeint. Frag dich, ob du mit Gott wirklich "verheiratet" oder vielleicht nur "verlobt" bist.

Durch Brittas Worte veränderte sich meine Denkrichtung wieder von "Leisten für Gott" in "Beziehung zu Gott". Dementsprechend fühlte ich mich gleich friedvoller.

Ein paar Tage erwog ich, Brittas Anregung entsprechend, ob ich zu Gott hin "Ehe" oder nur "Verlobung" wollte. Schließlich, nach drei oder vier Tagen, war ich mir darüber sicher. Spät in der Nacht, ich hatte noch lange gelesen, bat ich Gott in einem schlichten Gebet, alles wegzutilgen, was einem bedingungslosen Bund mit ihm von meiner Seite her im Weg stand.

Danach sah ich endlich den verborgenen Haken, an dem ich festhing. Genauer gesagt, ich sah seinen Platz, die versteckte Ecke in einer bestimmten Konstruktion, in der er sich befand. Ich kann es nicht anders sagen, ich s a h diese Konstruktion und diese Ecke und den Haken und wußte, daß es ein Götze war, an dem ich hing.

Der geheime Köder

Ich s a h , daß der Zwang, mit dem ich mich selbst in Schach zu halten pflegte, dieser Druck von "Du mußt..." mit einem Köder arbeitete: "Du mußt..., sonst...!" Was war die Drohung, was die Verlockung? Was konnte so wichtig sein, daß ich mich erpressen oder bestechen ließ? Ich wußte es nicht und nannte es X, "Du mußt..., sonst passiert X!" "Du darfst nicht..., sonst passiert X!" - Was war es, was ich so fürchtete, daß ich unter diesen verhaßten Druck ging? Sogar in dem Sinne: "Ich tu ja alles, was Gott sagt, tu ja alles, was ich muß, nur damit X nicht eintritt." - Das war ja wirklich Götzendienst! Gott und der Gehorsam gegen ihn waren nicht Selbstzweck, sondern Mittel zu einem a n d e r e n Zweck. Zu welchem?

Der Götze, dem ich e i g e n t l i c h diente, wenn ich unter dem Diktat dieses Druckes den Geboten Gottes folgte, war X, oder genauer die Angst, die Sorge, daß X eintrat. Ich diente einer bestimmten Sorge, nicht Gott. Ich wußte in dieser Nacht nicht, was X war, aber ich hatte keine Angst, es ohne Zögern an Gott loszulassen. In dem Moment verließ mich dieses Ding in dieser bestimmten Ecke. Es war plötzlich nicht mehr da.

Die Befreiung, die ich in diesem Moment erlebte, war die bisher undramatischste und gleichzeitig die durchschlagendste. - Ab sofort und in den Tagen danach sah die Welt anders aus, das Haus sah anders aus, Freiburg sah anders aus. Nichts mehr war bedrohlich, und ich war nicht mehr aggressiv dagegen eingestellt. Es strahlte nicht mehr von jedem Stäubchen oder von jeder Unordnung in unseren Räumen die Forderung ab: Du mußt! Du darfst nicht! Wie kannst du nur! Willst du wohl! - Nichts dergleichen mehr, alles ganz friedvoll. Eine hübsche Wohnung, ein schönes Haus. Alles hinreichend gepflegt, ganz gemütlich, kein Muß, kein "Antreiber", keine Schuldgefühle, Zeit genug, kein Problem, nur Dankbarkeit.

Als ich gefragt wurde: "Könntest du heute das Haus putzen?", war auch das kein Problem. Nichts mehr war schlimm. Gar kein Gedanke daran, etwas anderes zu wollen, als das, was es gerade gab. Ich freute mich auf Gäste, putzte, kochte, richtete den Tisch und hatte Zeit. Dabei wollte ich nichts anderes als den Tisch so decken, daß es gemütlich wurde. Das machte Freude. Mein Herz war dabei. Eine innere Zerrissenheit war aufgehoben. Absurde Idee, nicht im Moment und gern zu leben, gern zu geben, dankbar zu genießen und auch geduldig zu ertragen, was nicht so angenehm war.

Auch an den folgenden Tagen tat ich, was zu tun war, aber nicht weil ich es mußte, sondern weil ich es wollte. Mein Handeln quoll aus Liebe und Freude, endlich.

Tom, unser erwachsener Sohn, rief an, hörte meine befreite Stimme und sagte: "Du bist durch. Wie hast du das gemacht?" - "Ich schreibe alles ganz genau auf, Tom. Du bekommst den Bericht dann von mir, ich beeile mich", versprach ich ihm. Tom wußte, ähnlich wie ich auch, was es mit psychischen Nöten auf sich hat. Auch er kämpfte um sein Gleichgewicht. Wenn es sich ergab, tauschten wir uns darüber aus.

Der kompetente Vater

Der befreite Zustand, in dem mir alles leicht von der Hand ging, hielt sich, solange ich mit Bodo eins war. Vorwurf gegenüber Bodo, wenn er auf bestimmte Anlässe hin plötzlich in mir war, ruinierte meine ganze Lebensfreude in einem einzigen Moment. Durch Vorwurf war ich sofort wieder in dieser überheblichen, dominanten Haltung, in der ich sofort auch wieder druckallergisch war.

Mein Vorwurf gegenüber Bodo, der unter bestimmten Umständen immer wieder auftrat, war im Grunde und zutiefst ein Vorwurf, den ich schon gegenüber meinem Vater hatte: "Warum bist du nicht so kompetent, daß ich darin sorglos ruhen kann. Warum gibst du mir diesen Schutz und diese Sicherheit nicht?"

Unter den beiden Gefängnistrakten, die aus den negativen Erinnerungen meines Lebens gebaut waren, gab es offenbar noch einen unterirdischen Gang, der beide Trakte miteinander verband. In diesem untersten Gang, vielleicht war es auch noch eine ganze Etage, lagerten, was ich nie vermutet hätte, unbewältigte Erinnerungen an meinen Vater, von dem ich immer angenommen hatte, er habe in meiner Entwicklung keine allzu große Rolle gespielt.

Während ich mich zurückerinnerte und bedauerte, daß mein Vater so passiv gewesen war, kam der Satz in meine Gedanken: "Du hast dich über ihn erhoben."

Das stimmte. Ich hatte mich als Kind über meinen Vater überhoben. Ich verzieh ihm nicht, daß er nicht perfekt war, aber dennoch Vater sein wollte. Vor allem aber verzieh ich ihm nicht, daß er mich nicht in den Arm genommen hatte. Was ich auch anstellte, um ihn dazu zu bewegen, soviel ich auch an Leistung erbrachte, um ihm zu gefallen, er nahm mich nie in den Arm. Ich gefiel ihm offenbar nicht. Meine kleinen Schwestern gefielen ihm. Ich kam zu dem Schluß: Sie sind schön, und ich bin häßlich.

Irgendwann muß ich in dieser Geschichte aber den Spieß umgedreht und das Urteil gefällt haben, daß er gar kein echter Vater war. Ich muß ihn dabei innerlich abgesetzt und mich dominant an seine Stelle gesetzt haben. Als ich dann in dieser Position überfordert war, hoffnungslos überfordert, gab ich ihm auch dafür die Schuld. Aus dieser unbereinigten, bitteren Quelle speisten sich, das spürte ich, meine Vorwürfe gegenüber Bodo.

Die Geschichte wurde rund. Mir war bisher nicht bewußt gewesen, daß ich von meinem Vater so gern geliebt worden wäre (auf eine Weise, die ich als Liebe hätte deuten können), und auch nicht, daß ich so gern seinen Schutz gehabt hätte.

Während ich das Thema "Vater" durchspürte und durcharbeitete, hatte ich Bodo gegenüber - gleichzeitig mit einer bestimmten Empfindlichkeit und Reizbarkeit - auch ein starkes Anlehnungsbedürfnis. Gott sei Dank ertrug Bodo meist die Wechselduschen meiner Gefühle und die Labilität, aus der diese stammten.

Schließlich war mein Herz bereit, zu vergeben und um Vergebung zu bitten. Ich ging in meiner Vorstellung zeitlich zurück, wurde wieder Kind, und versuchte in Worte zu bringen, was damals schon zu sagen fällig gewesen wäre: "Papa, verzeih! Ich will dich nicht herabsetzen, erst recht nicht absetzen." Auch zu Bodo sagte ich: "Ich will mich nicht über dich erheben. Ich will dich achten". Und selbst zu Gott hin korrigierte ich meine Einstellung in diesem Sinne, denn ich hatte es auch schon fertiggebracht, mich sogar über Gott zu erheben.

Diese Zusammenhänge zu sehen und bis in die Gefühle hinein die Umkehr zu vollziehen, brachte große Erleichterung in unsere Ehe. Auch zu meinem Vater ergriff mich eine neue Liebe, als mir einfiel, er hätte ja auch mich unterdrücken oder zerbrechen können. In dem Machtkampf war ja er der Stärkere gewesen.

Ich komme, wie ich bin

In den nächsten Wochen demaskierte sich das, was ich in der Nacht als Götzen erkannt und mit X bezeichnet hatte. Was ich so fürchtete, war, schwach, haltlos, wirklich minderwertig zu sein. Über Jahre meiner Kindheit hatte ich mich so gefühlt: Eine, die man jederzeit aus heiterem Himmel anranzen konnte, weil sie schmuddelig, unordentlich, den Aufgaben nicht gewachsen oder "transusig" war, wie meine Mutter mich oft tituliert hatte, eine auf die "die Leute mit Fingern zeigten".

Mich selbst so zu sehen oder zu fühlen, war mit höchstem Unbehagen verbunden. Es hieß, nicht dazuzugehören zu denen, die okay waren, und damit im Grunde eigentlich nicht leben zu dürfen, keine Daseinsberechtigung zu haben. Nicht "okay" zu sein hieß aber vor allem auch: "Los, mach, beeile dich, streng dich an, so geht das nicht weiter, schäme dich...!"

"Okay" war man, wenn man flott war, tüchtig, gepflegt, korrekt und angesehen. Um so zu sein oder zu werden, scheute der, der etwas auf sich hielt, keine Mühe.

In späteren Jahren war es mir dann streckenweise gelungen: Ich hatte mich angestrengt, war fit und tüchtig geworden. Ich gehörte dazu - bis mit der Depression der Pferdefuß herausgekommen war.

Schwach, unwert, unfähig, armselig zu sein und damit abgelehnt oder verhöhnt zu werden (ich stellte mir vor, wie man über mich den Kopf schüttelte oder die Nase rümpfte), war das Gespenst, von dem mein Leben untergründig bedroht worden war und das mich in diesen Ehrgeiz gebracht hatte.

Durch das, was ich einerseits so übermäßig fürchtete, den Absturz im Selbstwerterleben, und andererseits so übermäßig begehrte, die Aufwertung meiner Person, hatten die antreibenden Quälimpulse in meinen Gedanken für ihre zwingende Macht eine Handhabe bekommen.

Ich hörte auf sie dieser Argumente wegen, bis der Preis deutlich wurde und wie betrogen ich damit war. Das Angedrohte passierte mir doch, das Versprochene blieb Fata Morgana. Aber den Preis hatte ich bezahlt, und er wurde irgendwie immer höher, je mehr das, wofür ich ihn zahlte, ausblieb. Das ganze Manöver hatte den offensichtlichen Zweck, Rebellion hervorzurufen in dem Sinne: "Ich mache jetzt, was i c h will. Bleibt mir alle gestohlen mit euren Forderungen!" Viele Menschen warfen an diesem Punkt ihrer Lebensgeschichte ja auch alle Skrupel und oft auch den Glauben über Bord. Sie nahmen die Widersinnigkeit des Druckes und der Quälimpulse in ihren Gedanken zum Anlaß dafür, sich mit einem einzigen Rundumschlag ihres gesamten Gewissens zu entledigen. War das die teuflische Absicht der Antreiberimpulse?

In einem Gartenstuhl auf dem Berg, an den sich unser Haus anlehnte, hatte ich jetzt plötzlich Augen dafür, daß es längst Frühling geworden war: Heuduft, Grillengesang, blauer Himmel, Wärme, etwas Wind, ein Schmetterling. Und ich war voller Dankbarkeit für Gottes treue Führung durch die Irrgärten meines Lebens hindurch und dafür, daß ich von ihm angenommen war. Ich gehörte ihm mit der einen und mit der anderen Realität meines Wesens und ebenso mit der Diskrepanz zwischen beiden, in der leicht Unzufriedenheit hauste. Alles gehörte ihm und mit all dem, nicht nur mit der "flotten", sondern auch mit der armseligen Hanne hatte er seinen Bund geschlossen.

Der "Wandel im Geist"

Meine Lebensgeschichte lag nun mit ihren tiefen Hintergründen, von destruktiver Dynamik und Spannung befreit, vor mir wie ein loses Gummiband, das nicht mehr zurückschnellen und mich verletzen konnte.

Weil ich - tief gewarnt - die Gnade und Nähe Gottes nicht mehr aufs Spiel setzen wollte, achtete ich immer sorgfältiger darauf, anderen nichts übelzunehmen oder, wenn es schon geschehen war, so zu vergeben, wie Gott mir vergab. Wenn ich das nicht konnte oder nicht wollte (oder nicht wollen konnte), es ging immer um den Schmerz von Enttäuschungen, den ich nicht zu vergeben bereit war, dann brauchte ich Stille Zeit vor Gott. In einer betenden Haltung herauszufinden, wem genau ich was genau eigentlich vorwarf, wenn ich unzufrieden war, leitete mich zu dem Schmerz, der noch nicht mit Gott zusammen verarbeitet und geheilt war. An diese Schmerzen heranzukommen und von Gott her den Trost und die Heilung dahinein zu empfangen, übte sich.

In der nichtrichtenden Haltung, die dem anderen Gutes (und nicht Böses) unterstellte, war es mir - wenn sie gelang - möglich, zufrieden zu bleiben und gerne zu leben. In dieser Haltung war es selbstverständlich, Gott vor Augen zu haben, mit ihm zu rechnen, auf ihn zu hören und ihn anzubeten.

Was von Gott zurückkam, war eine Sättigung, so, als hätte ich getrunken und eine Reinigung, als hätte

ich warm gebadet. Ich konnte tief erfassen, was Erlösung ist und hatte einen Glauben, der nicht mehr den
Akzent von "müssen", von "glauben müssen", hatte,
sondern wirklicher Glaube war: tief im Herzen Ge-
schautes.

Durch alles, was ich aus Liebe tat, nahmen Kraft,
Freude und Befriedigung in mir zu. Ich wußte jetzt,
was Florians Geheimnis war. Es war leben, nicht leben
müssen, geben, nicht geben müssen, helfen, nicht helfen müssen, und so weiter. Es war so einfach. Womit
hatte ich mich nur jahrelang so geplagt! Wenn ich
nicht leben mußte, sondern lebte, dann hatte ich auch
Zeit. Dann lebte ich im Jetzt. Ich lebte nicht mehr in
der Angst, etwas zu versäumen. Ich lebte.

Ich gehörte mir selbst und konnte mich auch eigentlich erst jetzt Gott richtig geben. Vorher gehörte ich
mir gar nicht. Ich war gefangen in den Klauen des
Erpressers, dieses Druckes von "Du mußt!", den ich
streckenweise mit Gott verwechselt hatte.

Leben im Augenblick

Der beginnende Sommer brachte noch mehr Wärme und Farbe in die Landschaft. Ich nahm wahr, in welch einer lieblichen Gegend wir wohnten. Eigentlich sah ich das erst jetzt. Nach hinten lehnte sich das Haus an den langgezogenen Tuniberg, von dem aus wir die bewaldeten Höhen der Vogesen und des nahen Kaiserstuhls sahen. Nach vorn hin ging der Blick auf die Gebirgszüge des Schwarzwaldes, die in der Frühe von roten Sonnenaufgängen grandios beleuchtet waren.

Wenn ich - treppauf, treppab - meinen täglichen Aufgaben nachkam, fühlte ich mich jetzt manchmal so in meinem Körper, wie ich den anfangs erwähnten Tankwart erlebt hatte: Ich stand auf dem Boden. Der Oberkörper war nicht mehr nach vorn gebeugt, sondern eher zurückgelehnt. Die Treppe zu benutzen war nicht nur Mittel zum Zweck. Die Zeit, die ich brauchte, um von einer Etage zur anderen zu kommen, war nicht mehr zur bloßen Zwischenzeit degradiert. Ich lebte im Augenblick, den Augenblick achtend und dankbar für ihn.

Zusammen mit Rolf, einem jungen Arzt, der uns in unserer Arbeit beistand, fuhr ich einmal monatlich für ein Wochenende zu einer Veranstaltung christlicher Psychologen und Ärzte. Eine ständig anwachsende Anzahl von Kolleginnen und Kollegen hatte sich zur "Deutschen Gesellschaft für Christliche Psychologie e.V." zusammengeschlossen und einen brennenden Eifer entwickelt, psychologisches Wissen und biblischen Glauben miteinander zu verbinden oder gegeneinander abzugrenzen. Ihre Arbeit zog uns sehr an. Für das, was ich selbst in psychologischer Hinsicht dachte, erspürte und ausprobierte, erfuhr ich hier jetzt weitere Anregung, Bestätigung und Korrektur.

Unsere Kinder hatten sich gut eingewöhnt. In der Nachbarschaft hatten beide Söhne viele Freunde. Mit unseren Gästen wurden sie meist schnell vertraut. Und mir gegenüber erfanden sie, wenn ich bedrückt oder erschöpft war, eine wirksame Methode, eine süße Medizin: Sie pirschten sich lachend und tuschelnd mit ihrem Werkzeugkasten an mich ran, entnahmen daraus Hammer und Zange (aus Plastik), und eröffneten mir: "Wir werden dich jetzt mal reparieren". Dann schauten sie mir in den Hals, flößten mir "Medizin" ein, rieben mir die bleichen Hautpartien rot, setzten mir Spritzen, hämmerten mit dem Hammer auf meinem Kopf herum, zogen mit der Zange an meiner Nase und waren unermüdlich in immer neuen Ideen, was man mit mir anstellen konnte. Dabei plapperten sie lustig und lachten so herzlich, daß ich mitlachen mußte. Jedesmal hatte es den gleichen Effekt. Es war unmöglich, bei dieser herzlich-robusten Zuwendung nicht zu lachen und allein schon dadurch erfrischt zu werden.

Auch mit Bodo gab es ähnlich handgreifliche Prozeduren. Wenn es ihm mit mir zu eng wurde, schob er mich mit aller Manneskraft auf die Seite. Ich konnte mich wehren, soviel ich wollte. Er war stärker. Auch das hatte Spielcharakter, ging in Umarmung aus und tat mir wohl. Er wies mich in meine Grenzen, wenigstens schon einmal symbolisch. Er war stärker, jedenfalls schon einmal körperlich. Dominanz in meinem Charakter lebte immer noch auf, wurde aber jetzt viel leichter erkannt, viel leichter verziehen und auch von Bodo schneller und mit größerer Festigkeit begrenzt.

Ein neuer Therapiestil

In den Therapien, die ich durchführte, gab es mit weniger Aufwand mehr Erfolg. Ich war ruhiger geworden, abwartender, hörte genauer zu, enthielt mich überflüssiger Bewertungen oder Kommentare und rechnete stärker mit der Kraft und Vollmacht, die wir im Glauben an Jesus Christus haben.

Wenn ich an die Art und Weise zurückdenke, in der ich jetzt den Leidenden beistand, dann fällt mir eine junge Bäuerin ein, die wegen sexuellen Mißbrauchs in der Kindheit, unter dem sie immer noch litt, zu uns kam. Sie erzählte ihre Schreckensgeschichte schon gleich bei ihrer Ankunft, fast noch, bevor sie ihren Mantel abgelegt hatte. Dabei war sie so erschüttert, und von der Erschütterung schließlich so erschöpft, daß sie sich hinlegen mußte. Ich blieb bei ihr sitzen, legte meine Hand auf sie und betete leise über ihr, während sie sich in Schmerzen wand. Ohne zu sprechen erinnerte sie sich einfach nur an das, was ihr als Kind durch einen Mann mehrfach widerfahren war. Drei bis vier Stunden lang zitterte sie, weinte, schrie, klammerte sich dabei an mich. Und ich blieb ihr nur nah. Danach ging es ihr erheblich besser. Sie war überaus dankbar, und ich hatte eigentlich gar nichts "gemacht".
Erlebnisse, die sie als Kind unerträglich bedrohlich und abstoßend empfunden hatte, waren neu einzuordnen gewesen in ihr Erwachsenendenken. Das geschah wie von selbst, während sie dalag und alles wieder durchlebte.

Später erlebte ich derartige Therapien durch den Geist Gottes auch in großen Gruppen, wenn Gott während eines Gottesdienstes vertrauensvoll eingeladen und in die persönlichen Nöte hinein empfangen wurde. Daß Gott solche, wenn ich es so nennen darf, "rationelle" Therapien an hunderten von Menschen zur gleichen Zeit durchführte, deutete ich als ein Merkmal seines speziellen Wirkens in der heutigen Zeit und als seine erbarmungsvolle Antwort auf den Schrei derer, die mit ihren eigenen Möglichkeiten am Ende waren.

Ein Schmerzensschrei zum Abschluß

"Doch nicht darüber freut euch, daß euch die Gei-
ster untertan sind; freut euch aber, daß eure Namen im
Himmel eingeschrieben sind!", empfiehlt Jesus (Lukas
10,20). Im Herbst dieses erlebnisreichen Jahres trat ein
Ereignis ein, durch das ich in meiner Begeisterung,
anderen helfen zu können, sehr erschüttert wurde und
froh war, mit der Gnade Gottes für mein eigenes Leben
rechnen zu dürfen, wirklich aus Gnade (und nicht
aufgrund von Leistung) gerettet zu sein.

Am 14. September 1988 bekam ich morgens früh
einen Anruf. Werner, ein Kollege von den christlichen
Psychologen, machte etwas freundschaftliche Konver-
sation mit mir und legte den Hörer wieder auf. Ich war
etwas in Eile und fragte mich: "Was hat er eigentlich
gewollt?" Dann fiel es mir wieder ein. Er hatte mir ein
Wort zugesprochen, und zwar: "Hanne, der Herr hat
dich lieb. Alle deine Quellen sind in Ihm."

Mit einer eigenartigen inneren Wachheit merkte ich
mir dieses Wort und achtete es als etwas, was mir Gott
selbst durch Werner für diesen Tag zugesprochen hatte.

Am Nachmittag bekam ich per Telegramm eine ent-
setzliche Schreckensnachricht. Tom war im Zusammenhang mit einer erneuten Psychose unvermutet und
dramatisch ums Leben gekommen. Augenblicklich,
noch bevor mich Entsetzen heimsuchen konnte, barg
ich mich in Gott, in dem alle meine Quellen sind.

Ja, alle meine Quellen waren in IHM.

Wochenlang zog Toms Leben an meinem inneren

Auge vorbei. Eine Flut von Erinnerungen an dominante, ablehnende, ungeduldige Reaktionen meinerseits auf seine Versuche, sich zu entfalten. Sehr viele Tränen im Zusammenhang mit Toms Tod durchschwemmten die Kammern meiner Erinnerungen und brachten noch einmal tiefe Reue in alle Schichten. Insgesamt machte mich das ruhiger, geduldiger, weicher. Daniel und Florian, Bodo und den Gästen und auch mir selbst kam das zugute. Für Tom war es zu spät. Was ich bei ihm angerichtet hatte, mußte ich in Gottes barmherzige Liebe hineinlegen, was unter heißen Tränen geschah.

Das wußte ich nach Toms Tod: Dominanz ist das Wesen Satans persönlich, des Imitators Gottes, des "Treibers", wie die Schrift ihn nennt.* In meiner Kindheit die Dominanz als eine Hilfe und Handreichung des Bösen in der Not anzunehmen, hatte unsägliches Leid verursacht, bereits bei meinen Geschwistern, die ich scharf reglementiert hatte, dann bei meinen Kindern, bei meinem Mann und nicht zuletzt bei mir selbst.

Als ich ein paar Tage später Toms Totenschein zu sehen bekam, stellte ich fest, daß mir Werner das Trostwort auf die Minute genau zu Toms Sterbezeit durchgegeben hatte. Diese Tatsache wirkte auf mich, wie wenn Gott zu mir sagen würde: "Ich bin dabei, wenn einer stirbt. Und ich bin dabei, wenn einer weint, weil einer stirbt. Glaube doch nicht, daß ich nicht dabei wäre, ich, der allmächtige Gott, der Herr über Leben und Tod."

---

* Jesaja 9, 1+3+5: Das Volk, das in großer Finsternis wandelte, sieht ein großes Licht... Denn du hast das Joch, das auf ihm lastete, den Stecken, der seinen Rücken geschlagen hat, und die Rute seines **Treibers** zerbrochen... Denn uns ist ein Kind geboren, ein Sohn ist uns gegeben; und die Herrschaft ruht auf seiner Schulter...

Es ist gut, in den Armen des Vaters geborgen zu sein

Sechs Jahre sind nun seit Toms Tod vergangen. Als Bodo und ich unsere Lektion in Freiburg gelernt hatten, bat ich Gott: "Herr, wäre es möglich, daß du mich jetzt erst einmal etwas verwöhnst?" Die Antwort auf dieses Gebet kam unmittelbar. Der Vorstand der Christlichen Psychologen bot Bodo eine vollzeitliche Mitarbeit an. Und so zogen wir noch einmal um, und zwar nach Rottendorf, an den Stadtrand von Würzburg. In einer landschaftlich schönen Gegend, nah an Wald und Feldern, fanden wir mit unseren Söhnen in der neuen Umgebung schnell Heimat. Und weil ich jetzt wirklich Zeit habe für das, was mich brennend interessiert, zum Beispiel zusammen mit gläubigen Kollegen und Kolleginnen über eine Christliche Psychologie nachzudenken und daran zu arbeiten, fühle ich mich wirklich von Gott verwöhnt.

Die Druckprobleme im Zusammenhang mit Hausarbeit sind endgültig ausgestanden. Ich schau auf das, was zu tun ist und was ich tun k a n n , auf den jeweiligen Handgriff, der gerade sinnvoll ist, um ihn dann bereitwillig zu tun. Auf das zu starren, was ich nicht kann und vor Bergen von Arbeit angstvoll in die Knie zu gehen, erübrigt sich bei diesem Verfahren. Die Bereitwilligkeit, zu tun, was ich kann, ist meist auf eine selbstverständliche Weise da, weil viel innere Rebellion überwunden ist. Genauso ist es mir jetzt auch möglich, mit gutem Gewissen auszuruhen. Ich brauche sicher nicht zu betonen, wie froh ich darüber bin, wie erleichtert, wie erlöst.

Es ist leider immer noch nicht so, daß ich eine "gute Hausfrau" bin. Äußerlich gesehen hat sich in meinem Haushalt nicht viel geändert durch die Krise, die ich erlebte. Aber die Verzweiflung, "es" nicht zu schaffen, die wie Sand im Getriebe gewesen war, ist aus mir verschwunden. Jetzt ist dauernd "Öl im Getriebe" (sozusagen): die Bereitschaft zu tun, was ich kann, und die Gewißheit, daß das reicht.

Ich habe heute immer Zeit, auch wenn ich mich beeile. Mein Leben beginnt nicht dann, wenn alles fertig ist. Es besteht in dem, was i s t und nicht in dem, wovon mich das, was ist, abhält. Ich verstehe die Aussage Tolkiens, die er in seiner Erzählung "Tüftler" macht: "Indem ich keine Zeit mehr für mich selbst will, werde ich Herr meiner Zeit."

In meinem Denken hat, wie es in der neueren psychologischen Literatur ausgedrückt wird*, eine "Begradigung" stattgefunden. Fallen, in die ich geriet, Strudel, die mich auf den Grund zogen, Schleifen im Denken, die zu Würgeschlingen wurden, Umleitungen, Abwege, Sackgassen, sind einfach weggefallen. Ich kann mit meinem Denken meist auf dem geraden Weg bleiben und auch gradlinig handeln, schnell und effektiv. Dies ist einfach geschehen im Verlauf des Prozesses, den ich in groben Zügen geschildert habe.

Von manchen Veränderungen, die ich wahrnehme, weiß ich nicht genau, seit wann und wie sie eingetreten sind. Ich merke, daß ich zum Beispiel Bodo und den

---

*   R. Bandler und J.Grinder, Neue Wege der Kurzzeit-Therapie, Paderborn 1983, S. 62 ff

Kindern gegenüber meist auf das achte, was sie w o l -
l e n (sagen, haben, tun wollen) oder n i c h t wollen.
Früher habe ich sie damit aufgeregt, daß ich glaubte,
alles bewerten zu müssen (zu loben oder zu tadeln).
Es muß mit Achtung zu tun haben, ob man Aussagen
und Wünsche anderer wahrzunehmen und auf sie
einzugehen bereit ist, oder ob man sie aus einer merk-
würdigen Sorge heraus besserwisserisch kommentiert.

Im letzten Sommer waren wir als Familie an einem
See. Ich schaute über das Wasser, nahm die Gerüche
und Geräusche war, sah den schnittigen Fahrten der
Segelboote zu, spürte den Wind und fragte mich, wieso
ich das alles so tief wahrnehmen konnte. Zu meinem
nicht geringen Erstaunen fiel mir auf, daß ich mich
früher bei ähnlichen Gelegenheiten wie mit den Augen
anderer von außen betrachtet hatte. Ich hatte m i c h
gesehen, wie i c h die Landschaft sah. Jetzt war ich
drin in mir selbst und sah auf eine direkte Weise, was
es zu sehen gab.

In dem Maße, in dem ich im Laufe meiner Geschichte frei davon wurde, auf das zu schielen, was ich
glaubte, haben zu müssen, aber nicht hatte, können zu
müssen, aber nicht konnte, sein zu müssen, aber nicht
war, wurde ein inneres Sehen möglich. Ein altes Wort
für Neid ist "scheel sehen". Als der Neid heraus war,
hörte das verborgene Schielen zu Gunsten eines wirklichen Sehens auf. Heute bin ich inmitten meiner Aktivitäten immer auch einmal gern allein und tatenlos.
Mein Geist ist beweglich und frei und schaut sich dann
an, wofür er vorher blind war: eine große, weite, innere
Welt, in der der allmächtige, liebende Gott beständig
anwesend ist. Manchmal komme ich bei dem, was ich

dann sehe, in großes Staunen und hin und wieder in übermäßige Freude. Meine Krise und ihre Nöte könnte ich vergessen, wenn ich ähnliche Strukturen nicht so oft bei anderen sähe. Dominanz und Rebellion wirken Hand in Hand, um uns zu zerreißen. Derek Prince nennt sie Zwillinge.*

Dominanz geht aus der Rebellion hervor. Und sie bringt ihrerseits, weil sie mit Kontrolle, Drohung, Zwang und Manipulation arbeitet, neue Rebellion hervor.

Dominante Reglementierung weder übelzunehmen, noch sich von ihr einschüchtern zu lassen, scheint d i e Tugend zu sein, die heute gefragt ist. Andernfalls nimmt man immer wieder das Übel (per Übelnehmen), infiziert sich mit Dominanz oder mit der Angst vor ihr und erntet damit - bei sich oder anderen - Rebellion. In den Teufelskreisen, die entstehen, werden Freiheit und Freude brutal zermalmt.

Im Hören auf Gott bin ich außerhalb dieser Falle. Von ihm her empfange ich statt der Drohimpulse eines dominanten Pseudogewissens senfkornkleine Glaubensimpulse, Einfälle dessen, was ich tun, lassen, sagen oder haben darf, was ich dann auch tun, lassen, sagen oder haben will, w o l l e n kann. Kein Unwille, keine Schuldgefühle, keine Spaltung mehr, kein

---

* Derek Prince in der Münchner Paul-Gerhard-Kirche 1987
Eigentlich sind es, so denke ich, Drillinge, die, wenn wir nicht achtgeben, in uns Fuß fassen können: Das Selbstmitleid gehört auch noch dazu. - Pseudowillensfreiheit (Rebellion), Pseudogewissen (Dominanz) und Pseudotrost (Selbstmitleid) wirken wie eine Karikatur von Trinität zusammen, um uns zu irritieren, zu quälen und schließlich ganz außer Funktion zu setzen. - In der hier berichteten Geschichte habe ich mich gleich zu Beginn ganz intuitiv von Selbstmitleid losgesagt (S. 27). Damit war die teuflische Trinität, d.h. ihre Niederlassung in meinem Charakter, bereits aufgeknackt und Dominanz und Rebellion wurden als solche nach und nach für mich wahrnehmbar.

Druck, auch kein Zeitdruck, der aus der Unruhe, etwas (meine Pflicht, mein Vergnügen oder beides) zu versäumen, stammte. Ruhe nach dem Sturm. Die Geschichte ist tatsächlich an ein Ende gekommen. Es kommt mir vor, als hätte ich die Einfachheit und Freiheit der Gedanken und Gefühle meiner Kinderzeit wiedergefunden, nur mit dem Unterschied, daß ich heute meine Feinde kenne und mich vor ihnen hüte. Ich bin gewarnt.

Glossar

Inneres Auge/geistliches Auge

Gott schenkt nicht nur gedankliche Impulse (⇨ *Gott hören*), sondern kann auch durch bildhafte Eindrücke zu Menschen reden. Diese nimmt man am besten wahr, wenn man betet und dabei die Augen geschlossen hält.

Befreiung/Befreiungsdienst

Nach den biblischen Berichten können zerstörerische personale Mächte in einen Menschen eindringen und ihn quälen. Den Akt, sie im Namen Jesu hinauszuwerfen, bezeichnet man als Befreiung/Befreiungsdienst.

Geistliche Welt

bezeichnet die für unsere Sinne nicht erfaßbare, unsichtbare Dimension des Seins, in der Gott und andere personale Wesen (Engel, Dämonen) existieren. Die geistliche oder unsichtbare Welt ist mit der sichtbaren aufs Engste verwoben, die Ereignisse dort bestimmen das Geschehen in der sichtbaren Welt.

Zum Glauben kommen/ lebendiger Glaube

bezeichnet, im Unterschied zu einem bloßen Wissen und gedanklichen Bejahen des Christentums, die bewußte, persönliche Entscheidung, sein Leben ganz in die Hände des Gottes der Bibel zu legen, der sich in Jesus Christus offenbart hat. Dies wird auch der ursprünglichen Bedeutung des lateinischen Wortes für 'glauben' gerecht: credere ist eine Zusammenfügung von 'cor' und 'dare' und bedeutet ' das Herz geben'.

Gnade

ist in unserer Gesellschaft die Ausnahme, bei Gott die Regel. Gnade bedeutet: Ich verdiene es nicht und bekomme es trotzdem; ich werde beschenkt ohne jeden Hintergedanken.

Gott hören

Der Gott der Bibel ist eine Person, die in Beziehung zu den Menschen treten möchte. Wer sich darauf einläßt (⇨ *lebendiger Glaube, zum Glauben kommen*), erlebt, daß Gott anfängt, wie ein Vater persönlich zu seinen Kindern zu reden (meist durch gedankliche Impulse)

Götze/Götzendienst

bezeichnet ein falsches Zentrum meines Lebens, das die Stelle Gottes einnimmt. Indem ich meine Aufmerksamkeit von diesem Zentrum fesseln lasse, kommt mein gesamtes Leben aus dem Gleichgewicht.

Übelnehmen

Gegensatz zu ⇨ *Vergeben*. Wenn einem Menschen ein Unrecht widerfährt, wird er dadurch innerlich verletzt. Reagiert er jetzt darauf mit Übelnehmen (Groll, Vorwürfen, Bitterkeit oder Wut), so kann diese Wunde nicht heilen, sie infiziert sich. Indem ein Mensch also 'das Übel nimmt', kommen durch die Verletzung zerstörerische Haltungen und Kräfte in sein Leben.

Vergeben

Gegensatz zu ⇨ *Übelnehmen*. Bedeutet, ein Unrecht, das einen, zugefügt wurde, klar zu sehen und es dem "Feind" trotzdem mittels einer Willsensentscheidung (am besten im persönlichen Gebet) zu erlassen. Dann kann die erlittene Verletzung heilen.

Wüstensituation

leitet sich ab von den biblischen Berichten, wo Gott das Volk Israel oder einzelne Menschen (Jesus, Johannes der Täufer, Paulus) in die Unwirtlichkeit und Einsamkeit der Wüste führte. Im übertragenen Sinn handelt es sich um eine Krisensituation (z.B. durch Krankheit, Arbeitslosigkeit, Verlust einer wichtigen Bezugsperson), in der wir wie die Vorbilder aus der Bibel lernen sollen, unsere menschliche Begrenztheit zu erkennen und Gott für Hilfe und Errettung zu vertrauen. (5. Mose 8, 2-4).

Hanne Baar, Diplom-
psychologin, lebt heute als
Hausfrau und Mutter zwei-
er noch schulpflichtiger
Söhne in der Nähe von
Würzburg.

1968 Studienabschluß in Münster

1968 bis 1973 Lehrtätigkeit in Fachschulen für Sozialpädagogik in
Gelsenkirchen und Oberhausen

1973 bis 1983 Leitung einer psychologischen Beratungsstelle des
Kreises Neuss in Meerbusch

1974 Bekehrungserlebnis, neue und tiefere Annahme des christlichen Glaubens

1976 bis 1987 Leitung einer Teestube ("Die Arche") in Meer-
busch-Osterath (zusammen mit ihrem Mann)

1988 bis 1990 Arbeit mit psychisch Kranken im Rahmen von Teen
Challenge in Freiburg-Opfingen (zusammen mit ihrem Mann)

1987 bis 1990 Zusatzausbildung zur Christlichen Therapeutin
(IACP) bei IGNIS, Kitzingen

seit 1990 wohnhaft in Rottendorf bei Würzburg

Autorin folgender Bücher:

"Kommt, sagt es allen weiter", Herder-Verlag, Freiburg 1983

"Die Heiligen von morgen", Edition Tabor, Engelswies 1990

"Quälgeist Eifersucht", Hymnus-Verlag, Rottendorf 1994[2]

"Gott macht das Krumme gerade", Hymnus-Verlag, Rottendorf
1994[2]

"Die Namen meiner Feinde", Hymnus-Verlag, Rottendorf 1994

Hanne Baar

Gott macht
das Krumme gerade

Essays zum Nachspüren

Hymnus-Verlag,
97228 Rottendorf 1994
Taschenbuch, 68 Seiten

ISBN 3-9803801-0-6

Es fällt oft schwer, negative Haltungen wie Eifersucht, Dominanz, Leistungsorientiertheit usw. im eigenen Leben zu erkennen. Und es fällt noch schwerer, diese zuzugeben und dann loszulassen, obwohl wir sie als negativ identifizieren.

Warum ist das so?

Negative Haltungen sind unsere individuellen Lösungen, um mit der gefallenen Schöpfung in und um uns ohne die Erlösung Jesu Christi fertig zu werden. Sie sind Selbsterlösungsversuche und Schutzmechanismen, die im Laufe unserer Biographie unsere gefallene Identität ausmachen.

Aber dieser alte Mensch ist mit Jesus gekreuzigt worden!

Gott macht das Krumme gerade. Das bedeutet nicht, daß diese negativen Haltungen nun geradegebogen werden, sondern daß unser verkrümmtes Herz, in dem diese Haltungen wurzeln, von Gott erneuert wird. Das geschieht unter Schmerzen, mit vielen Widerständen, aber unter der sanften, liebevollen Behandlung des Heiligen Geistes.

Hanne Baar beschreibt solche Haltungen, ihre Wurzeln, ihre Verzweigungen, ihre Dornen, und man bekommt mit der Zeit Geschmack, sich auf dieses Detektivspiel um die eigene Seele unter der liebevollen Führung unseres himmlischen Vaters einzulassen, auch wenn es machmal weh tut.

(Werner May)

Hanne Baar

Quälgeist Eifersucht

Die Geschichte einer Heilung
Nachwort von Karl Herbert Mandel

Hymnus-Verlag,
97228 Rottendorf 1994
Paperback, 92 Seiten

ISBN 3-9803801-1-4

Eifersucht ist ein Zustand
mit eigener, vergifteter Wahrnehmung,
eigenem, vergiftetem Denken,
eigenem, vergiftetem Fühlen und Handeln.
Eifersucht hält uns in Schach mit dem,
was wir am meisten fürchten:
beiseite geschoben zu werden für jemand
oder etwas anderes.

Hanne Baar ist in ihrer psychologischen
Beratungspraxis der Eifersuchtsnot oft begegnet
und hat sie zu heilen versucht.
Trotzdem und wider alle Vernunft
hat es sie eines Tages selbst getroffen.
Von ihren ganz persönlichen Erfahrungen
mit der Eifersucht
berichtet sie in diesem Buch.

Kennen Sie schon die Zeitschrift

CHARISMA?

„Charisma" kommt aus dem Griechischen und bedeutet Gnadengabe, Gnadengeschenk.
Es erscheint 17mal in Schriften des Neuen Testamentes und bezeichnet immer solche Dinge, die in Gottes Augen einen großen Wert haben.

Zielsetzung

- die Charismatische Erneuerung im deutschsprachigen Raum bekannt machen und fördern
- ein Wegbereiter für Erweckung sein
- Verbindungen und gegenseitiges Verstehen zwischen christlichen Gruppen schaffen

Inhaltliche Schwerpunkte

- Berichte über geistliche Erneuerung innerhalb und außerhalb der Kirchen
- Reporte von charismatischen Konferenzen
- Hilfreiche Lehre von guten Bibellehrern und geistlichen Leitern
- Persönliche Erfahrungsberichte
- Wichtige Termine von Konferenzen, Tagungen, Freizeiten und besonderen Veranstaltungen
- Israelbezogene Artikel u. a. zu den Bereichen: Messianisches Judentum, Gottes Wirken in Israel, Nachrichten u. a. m.

Charisma erscheint vierteljährlich
Jahresabo 14,80 DM/SFr einschließlich Zustellgebühr

Redaktion:
Gerhard Bially/Klaus-Dieter Passon

Anschrift der Redaktion und für Bestellungen:
CHARISMA, Grafenberger Allee 51
40237 Düsseldorf
Telefon 02 11 / 66 75 75 und Telefax 02 11 / 6 91 24 34

Bestellungen in Österreich:
Peter Ischka, Brunnfeldweg 13
8055 Graz
Jahresabo 99 ÖS einschließlich Zustellung